Scratch

Scratch 3.0 이상

국내 최초 그림으로 배우는 프로그래밍 입문서
프로그래밍을 즐겁게 시작하는 9개의 문

ANK Co., Ltd. 저 | 한선관 감역 | 김성훈 역

Scratch가 보이는 그림책

기초부터 확실히 알 수 있는
성인을 위한 Scratch 입문서

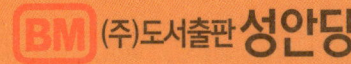

서문

이 책은 스크래치의 기본 사용법과 프로그래밍의 기초를 학습하기 위한 책입니다. 스크래치에선 블록이라는 부품을 움직이고 조합해 프로그램을 만들어갑니다. 블록은 역할별로 색이나 형태가 정해져 있어, 프로그래밍할 때 알아보기 쉽게 구분되어 있습니다.

이 책을 선택한 독자 중에는 '프로그래밍 자체가 처음이라 어디서부터 손을 대야 좋을지 전혀 모르는 사람'도 있고, '다른 프로그래밍 언어를 접해본 적은 있지만 어려워서 포기한 사람'도 있을지 모릅니다. 이 책은 그러한 모든 사람에게 안성맞춤입니다. 원래도 눈으로 보고 이해하기 쉽게 만들어진 스크래치를 다시 일러스트와 그림을 충분히 써서 설명함으로써 프로그래밍의 기초를 익힐 수 있도록 고안됐습니다. 처음 배우는 사람에게도 예전에 포기했던 사람에게도 도움이 되는 책으로 만들어졌다고 생각합니다.

그리고 이미 그림책 시리즈를 알고 계신 독자라면, 이 책을 펼친 순간 아마도 '어, 이게 뭐지?' 하고 생각하셨겠지요. 그림책 시리즈가 나온 지 꽤 오랜 시간이 흘렀는데, 드디어 최초로 완전 컬러판으로 나왔습니다. 위에서 언급한 것처럼 스크래치는 다양한 색과 형태의 블록을 사용해 시각적으로 프로그래밍을 학습할 수 있게 되어 있습니다. 그런 점을 고려해 완전 컬러판으로 이 책이 만들진 것입니다. 블록뿐만 아니라, 그림책 시리즈의 메인 캐릭터이기도 한 시오리를 비롯해 다른 일러스트도 컬러로 등장합니다. 분명히 마음에 드실 겁니다.

'일단 스크래치를 사용해 보고 싶다', '스크래치로 프로그래밍 기초를 배워야지.' 그렇게 생각했다면, 망설이지 마세요. 스크래치 사이트에 접속하고 책을 펼치세요. 부디 이 책을 통해 스크래치와 프로그래밍의 즐거움을 조금이라도 느끼실 수 있으면 좋겠습니다.

2020년 2월 저자 씀

▶▶ 이 책의 특징

- 이 책은 펼친 양면을 하나의 주제로 완결시켜 이미지가 흩어지지 않도록 배려했습니다. 따라서 나중에 필요한 부분을 찾는 데도 유용하게 사용할 수 있습니다.
- 각 주제는 어려운 설명을 최대한 줄이고, 어려운 기술도 그림으로 쉽게 이해할 수 있게 했습니다. 세부적인 사항보다는 전체적인 모습을 파악하는 데 초점을 맞추어 책을 읽어 읽어나가면 더욱 효과적으로 학습할 수 있습니다.

▶▶ 이 책의 독자는

이 책은 이제부터 스크래치로 프로그래밍을 시작하고자 하는 분은 물론, 프로그래밍에 한 번 도전했다가 좌절해버린 분, 조금은 알지만 다시 기본부터 학습하고 싶은 분들에게 권합니다.

▶▶ 표기에 대해서

- 본문에 등장하는 용어에 읽는 방법을 달아둔 것이 있지만, 어디까지나 하나의 예이며 다르게 읽는 경우도 있습니다.
- 컴퓨터나 각종 애플리케이션에 표시되는 내용 등은 사용자 환경에 따라서 다를 수 있습니다.

▶▶ '꼭 알아야 할 키포인트'와 '칼럼'에 대해서

- 각 장을 시작할 때 '꼭 알아야 할 키포인트'에서 학습할 내용을 간단히 정리했습니다. 각 장을 학습하기 전에 한 번 읽고 시작해도 좋고, 다 읽고 나서 복습을 겸해 읽어보는 것도 좋습니다.
- 각 장의 끝에서는 '칼럼'을 두어 스크래치뿐만 아니라, 프로그래밍 학습에 도움이 되는 용어나 개념, 기능을 설명했습니다.

Contents

스크래치를 시작하기 전에 ····················· ix

프로그래밍이란 무엇일까? ··· ix
스크래치가 뭐지? ·· x
일반 프로그래밍 언어와의 차이점 ··· xi
스크래치를 시작하는 방법 ·· xiii

1장 스크래치로 처음 만들기 ················ 1

1장에서 꼭 알아야 할 키포인트 ··· 2
고양이를 움직여 본다 ·· 4
고양이를 걷게 해본다 ·· 6
사용자 조작에 반응한다 ··· 8
프로젝트를 저장한다 ·· 10
　칼럼 MIT ·· 12

2장 스크래치의 구성 살펴보기 ············ 13

2장에서 꼭 알아야 할 키포인트 ·· 14
화면 구성 ··· 16
블록(1) ·· 18
블록(2) ·· 20
스프라이트 ··· 22

모양	24
배경	26
칼럼 객체 지향	28

3장 변수와 연산 … 29

3장에서 꼭 알아야할 키포인트	30
변수(1)	32
변수(2)	34
변수는 이럴 때 편리	36
연산	38
변수와 연산의 조합	40
논리식	42
조건 분기(1)	44
조건 분기(2)	46
리스트	48
리스트 다루기(1)	50
리스트 다루기(2)	52
리스트 다루기(3)	54
문자열 편집	56
수학 연산	58
칼럼 변수의 유효 범위	60

4장 제어 … 61

4장에서 꼭 알아야 할 키포인트	62
반복하기(1)	64
반복하기(2)	66
스크립트 멈추기	68
반복하기(3)	70

기다리기 ·· 72
칼럼 구조화 프로그래밍 ·· 74

5장 사용자 입력 ···································· 75

5장에서 꼭 알아야 할 키포인트 ·································· 76
녹색 깃발 ·· 78
입력에 반응한다 ·· 80
문자 입력 ·· 82
기타 정보 가져오기 ·· 84
예제 프로그램 / 숫자 맞추기 퀴즈 만들기 ················ 86
칼럼 타이머 이용하기 ·· 88

6장 복수의 스프라이트 이용하기 ········· 89

6장에서 꼭 알아야 할 키포인트 ·································· 90
스프라이트 추가하기 ·· 92
메시지 ·· 94
메시지에 반응한다 ·· 96
복제 ·· 98
복제의 사용례 ··100
칼럼 객체의 인스턴스 ··102

7장 나만의 블록 ···································103

7장에서 꼭 알아야 할 키포인트 ································104
나만의 블록 (1) ··106
나만의 블록 (2) ··108

블록 만들기 입력값(1) ································ 110
블록 만들기 입력값(2) ································ 112
나만의 블록의 장점 ···································· 114
다른 스프라이트에서 호출한다 ······················ 116
칼럼 화면 새로고침 없이 실행하기 ················ 118

8장 움직이는 그림 연극을 만들어 보자 ···119

8장에서 꼭 알아야 할 키포인트 ······················ 120
준비 ··· 122
장면 1 ~ 장면 2 ·· 124
장면 3 ·· 126
장면 4 ·· 128
장면 5 ~ 장면 6 ·· 130
칼럼 다각형 그리기 ··································· 132

부록 ··· 133

본편에서 소개하지 않은 주요 기능 ················· 134
확장 기능 ·· 143
내 컴퓨터에 저장하기 ···································· 145
프로젝트 공유하기 ··· 148
블록 리스트 ··· 150
색인(Index) ·· 156

스크래치를 시작하기 전에

프로그래밍이란 무엇일까?

 이 책을 펼친 사람은 '스크래치로 프로그램을 만들 수 있는 모양이군.' '스크래치로 프로그래밍을 공부해봐야지.'라고 생각하셨을 겁니다. 우선 '프로그램과 프로그래밍이란 무엇인가'에 대해서 알아보겠습니다.

 일반적으로 프로그램이라고 하면 행사 공연 순서나 텔레비전 편성표처럼 순서대로 진행하는 내용을 가리킵니다. 컴퓨터 세계에서는 컴퓨터에 내리는 지시(명령)의 집합을 프로그램이라고 부릅니다. 프로그램에는 컴퓨터가 무엇을 하면 되는지 자세하게 순서대로 적혀있습니다. 컴퓨터는 사전에 지시된 처리만 실행할 수 있으므로, 컴퓨터에 무엇인가 시키기 위해서는 프로그램이 필요합니다. 비교적 명령이 적은 프로그램을 스크립트라고 부르기도 합니다.

 원하는 결과를 얻을 수 있도록 명령을 기술해 가는 것을 프로그래밍, 명령을 표현하는 문장을 가리켜 **코드(프로그램 코드)**라고 합니다.

 프로그래밍은 **프로그래밍 언어**라고 하는 전용 언어를 사용해서 작성합니다. 세상에는 수많은 프로그래밍 언어가 있는데, 이 책에서 다루는 스크래치도 그 중 하나입니다.

스크래치가 뭐지?

　스크래치(Scratch)는 MIT 미디어랩의 평생유치원(Lifelong Kindergarten) 연구 그룹이 개발한 어린이용 프로그래밍 언어 및 학습 환경입니다. 무료로 사용할 수 있고 간단한 조작으로 작품을 만들면서, 프로그래밍의 기본 개념을 학습할 수 있게 되어 있습니다.

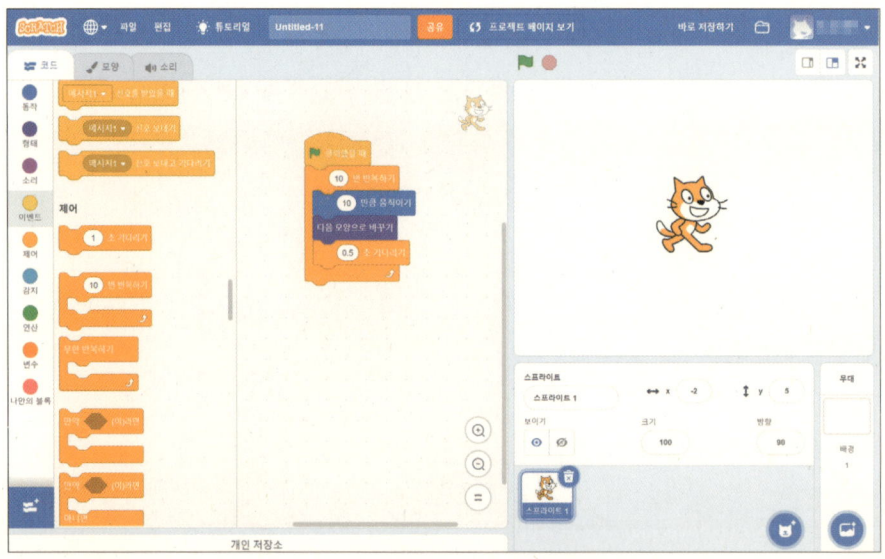

　프로그래밍이라고 하면, 키보드로 문자나 숫자를 입력해 코드를 만들어 가는 것이 일반적입니다. 반면에 스크래치에서는 **블록**이라는 명령을 조합해 프로그램(**스크립트**)을 작성합니다. 더구나 웹브라우저 상에서 동작하므로 스크래치 사이트에 접속하기만 하면 바로 시작할 수 있습니다. 스크래치는 40개국 이상의 언어를 지원합니다.
　어린이용이라고는 하지만, 이처럼 친숙해지기 쉬운 특징이 있어 실제로는 140개 이상의 나라와 지역에서 폭넓은 연령의 사람들이 스크래치를 사용합니다. 일본에서는 2020년, 한국에서는 2019년 초등학교 프로그래밍 교육의 의무화로 주목을 받게 되었습니다.

스크래치의 특징을 좀 더 자세히 알아봅시다.

직감적으로 사용할 수 있다
사용법을 바로 알 수 있는 화면으로 되어 있습니다. 블록이나 캐릭터(스프라이트)를 사용해 시각적으로 프로그램을 만들 수 있습니다.

마우스로 조작할 수 있다
대부분의 조작을 드래그 앤 드롭으로 할 수 있으므로, 타이핑이 서툴거나 알파벳을 몰라도 프로그램을 만들 수 있습니다.

프로젝트 공유, 리믹스
완성한 프로젝트를 공개해 전세계 사용자와 공유하거나 다른 사용자가 공개한 프로젝트를 가공해 새로운 프로젝트를 리믹스하여 만들 수 있습니다.

웹 애플리케이션
스크래치 2.0 이후로는 웹브라우저 상에서 동작하는 웹 애플리케이션이 됐습니다. 전용 소프트웨어를 다운로드하거나 개발 환경을 갖추지 않아도 이용할 수 있습니다.

일반 프로그래밍 언어와의 차이점

일반적인 프로그래밍 언어와의 차이점도 확인해 둡시다.

일반적인 프로그래밍 언어로 만들 수 있는 것으로는 예를 들면, 다음과 같은 것을 들 수 있습니다.

- ◆ PC나 스마트폰 운영체제 상에서 동작하는 응용 프로그램(앱)
- ◆ 브라우저에서 동작하는 웹 애플리케이션(스크래치도 웹 애플리케이션입니다)
- ◆ PC·스마트폰·게임기 등의 운영체제
- ◆ 기업의 기간 시스템이나 업무 시스템
- ◆ 공장의 기계나 로봇을 움직이는 프로그램

프로그래밍 언어에 따라서 할 수 있는 일과 할 수 없는 일, 적합한 일과 적합하지 않은 일이 있지만, 공통적인 특징은 개발 환경과 다른 환경에서도 프로그램을 이용할 수 있다는 점입니다.

　반면에 스크래치로 만든 프로젝트는 스크래치 안에서만 동작시킬 수 있습니다. 스크래치로 만든 프로젝트를 PC 상에서 단독으로 동작하는 소프트웨어를 만들거나 스마트폰용 게임으로 만들 수는 없습니다. 이런 점은 스크래치와 일반 프로그래밍 언어의 커다란 차이점입니다.

　그렇지만, 스크래치로 프로그래밍의 기초를 몸에 익힐 수 있다면, 다른 프로그래밍 언어를 학습할 때 꼭 도움이 될 것입니다.

스크래치를 시작하는 방법

스크래치의 최신 버전은 2019년 1월에 발표된 스크래치 3.0입니다. 스크래치 3.0은 웹 애플리케이션이므로, 인터넷에 연결할 수 있는 환경과 웹브라우저가 있으면 곧바로 실행할 수 있습니다.

≫ 동작 환경

PC나 태블릿의 웹브라우저에서 동작합니다. 공식적으로 지원하는 웹브라우저는 다음과 같습니다.

【PC】
- 구글 크롬(버전 63 이상)
- MS 엣지(버전 15 이상)
- 파이어폭스(버전 57 이상)
- 사파리(버전 11 이상)
  ※ 인터넷 익스플로러는 지원하지 않습니다.

【태블릿】
- 구글 크롬(버전 62 이상)
- 사파리(버전 11 이상)

이 책에서는 집필 시점(2020년 1월)의 URL 및 웹디자인에 따라 설명합니다.

≫ 계정 만들기

우선은 스크래치에 가입하기 위한 계정을 만듭시다. 계정이 없어도 사용할 수는 있지만, 그런 경우 이용할 수 있는 기능이 제한되므로 계정을 만들어 두길 권장합니다.

예를 들어 작성한 프로젝트를 스크래치 웹사이트에 보존하거나 공유하거나 댓글을 달기 위해서는 계정이 필요해요.

스크래치 사이트는 다음 URL로 접속할 수 있습니다.

https://scratch.mit.edu/

상기 사이트에 접속하면, 다음과 같은 화면이 표시됩니다. 오른쪽 상단에 있는 [스크래치 가입]을 클릭하세요.

계정을 생성하는 화면이 표시되면, 처음에 사용자 이름과 패스워드를 입력하고 [다음]을 클릭합니다.

입력한 사용자 이름이 이미 이용되고 있는 경우에는 오류 메시지가 표시되므로, 다른 이름으로 바꿔주세요.

한 번 등록한 사용자 이름은 변경할 수 없어요. 잘 생각해서 등록합시다.

자신이 살고 있는 나라(예 대한민국(Korea, Republic of))를 선택하고 [다음]을 클릭합니다.

태어난 연도와 생일을 입력하고 [다음]을 클릭합니다.

성별을 선택하고 [다음]을 클릭합니다.

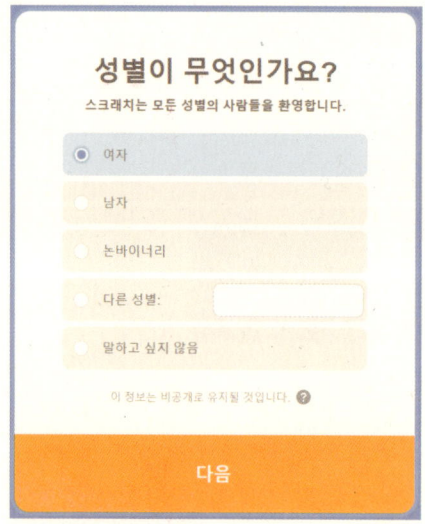

이메일 주소를 입력하고, [계정 만들기]를 클릭합니다(클릭하면 현재 컴퓨터가 아니라 실제로 사람이 가입하는지 확인하는 화면이 표시되는 경우가 있습니다).

다음 화면이 표시되면, [시작하기]를 클릭합니다.

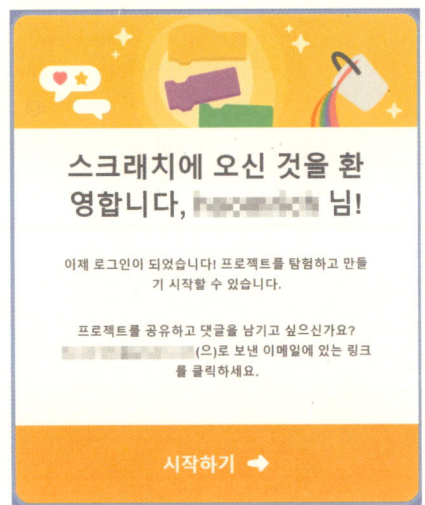

조금 전에 입력한 이메일 주소로 MIT의 스크래치 팀에서 확인 메일을 보냅니다. 메일 내용에 따라 이메일 주소를 인증하세요.

자신의 이메일에서 [Confirm my account]를 클릭하면 인증이 됩니다. 이것으로 계정 작성이 완료되었습니다.

1장에서 꼭 알아야 할 키포인트

스크래치를 사용해 보자

'스크래치를 시작하기 전에'에서 소개한 것처럼 스크래치는 어린이도 쉽게 다룰 수 있게 만들어진 프로그래밍 학습 도구입니다. 일반적인 프로그래밍에서는 프로그래밍 언어로 불리는 전용 언어를 키보드로 입력하면서 프로그램을 만들어 갑니다. 프로그래밍 언어는 영어나 숫자로 구성되므로, 알파벳이나 영어에 관한 지식이 없으면 이해하기가 어렵고, 키보드 조작에 익숙하지 않으면 입력하기도 힘듭니다.

반면에 스크래치에서는 프로그램 작성 화면을 열고, **블록**이라는 명령을 조작해 프로그램을 작성합니다. 대부분 드래그 앤 드롭으로 조작할 수 있고, 작성 중에 사용할 언어 모드를 선택할 수 있습니다. 영어를 모르거나 키보드 조작이 서툴러도 쉽게 프로그래밍에 도전할 수 있게 되어 있습니다. 움직이는 캐릭터(**스프라이트**)나 배경, 소리 등 기본적으로 필요한 것도 모두 준비되어 있습니다. 코딩에 흥미가 있으면 바로 시작할 수 있지요.

스크래치 프로그램 작성 화면이나 조작에 익숙해지기 위해서라도, 어렵게 생각하지 말고 일단 스크래치를 사용해 봅시다.

 **우선 프로젝트부터 만들자**

'스크래치를 시작하기 전에'에서 만든 계정으로 로그인하고 **프로젝트**를 만듭니다. 스크래치에서는 프로젝트 단위로 작품(**프로그램**)을 만들거나 저장하고 관리합니다.

프로젝트가 만들어졌으면, 실제로 프로그래밍을 시작합니다. 우선은 처음에 표시되는 대표적인 고양이 캐릭터를 움직여 봅시다. 스크래치 프로그래밍은 명령 블록을 조합해 갑니다. 블록은 '동작'과 '형태' 등 기능별로 색을 구분해 범주화되어 있으므로, 사용할 블록을 드래그해 오른쪽 옆 스크립트 영역에 배치합니다. 이 작업을 반복해 블록끼리 연결해 갑니다. 이것을 코딩이라고 합니다.

프로그램이 완성됐으면 실행해 봅시다. 고양이가 걸어 다니거나 사용자 입력에 반응하는 것을 실행 화면에서 확인할 수 있습니다.

이 장에서는 기본적인 조작법을 아는 것을 목표로 합니다. 스크래치 화면이나 용어에 관해서는 다음 2장에서 자세히 설명합니다.

고양이를 움직여 본다

스크래치에서는 작품을 프로젝트라고 합니다. 프로젝트를 만들어, 고양이 캐릭터를 움직여 봅시다.

프로젝트를 만든다

스크래치 사이트에 로그인 했으면, 왼쪽 위 메뉴에 있는 [만들기]를 클릭합니다.

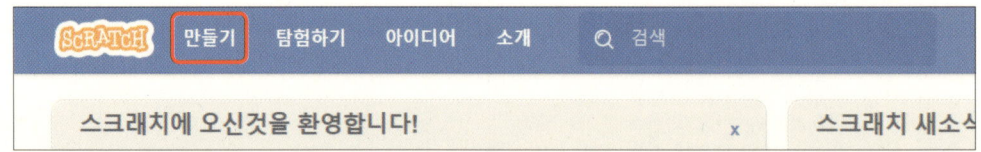

프로젝트가 생성되면, 다음과 같은 프로그램 작성 화면이 나타납니다. 메뉴 등이 한글로 보이지 않을 때는 메뉴바에서 지구 아이콘[🌐]을 눌러서 '한국어'로 변경해 주세요.

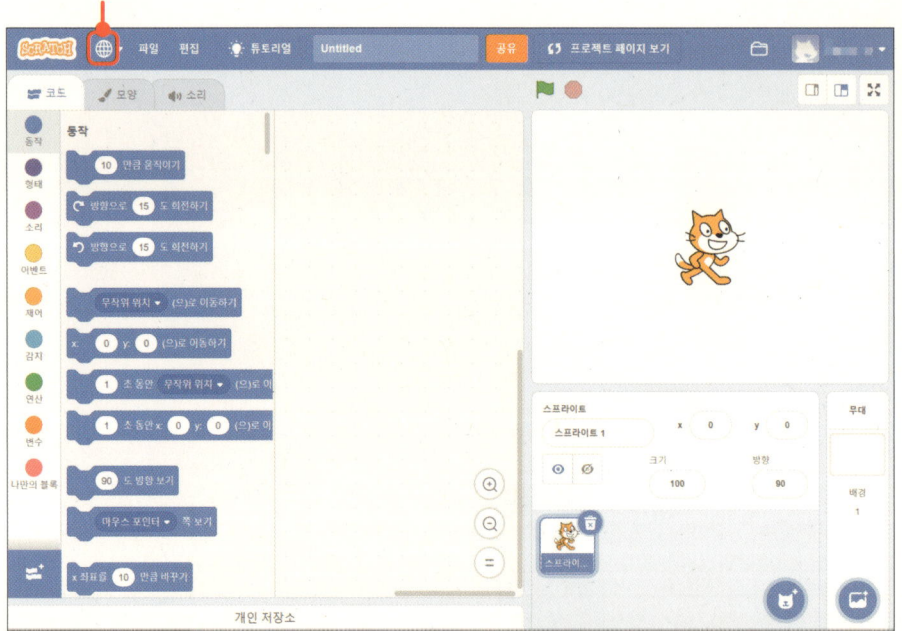

이 화면이 스크래치의 기본 화면이며 프로그램을 만들거나 실행 결과를 확인합니다.

블록을 배치한다

오른쪽 상단 영역에 표시된 고양이 그림을 좌우로 이동시켜 봅시다.
여기서는 '○만큼 움직이기'라고 쓰여진 파란색 동작 블록을 사용합니다.

❶ '동작' 카테고리를 클릭합니다.
❷ '10만큼 움직이기' 블록을 드래그해서 오른쪽 영역에 놓습니다.
❸ 블록을 클릭합니다.

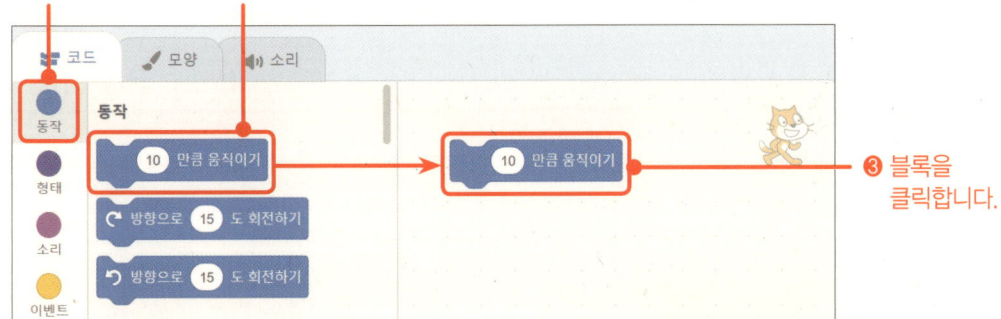

이동한 블록을 클릭하면, 고양이가 살짝(10만큼) 오른쪽으로 이동합니다.

여러 번 클릭하면, 그만큼 오른쪽으로 이동해요.

▶▶ 동작을 변경한다

동작 블록을 사용해, 흰색 ○ 안의 숫자를 수정하면, 고양이의 움직임도 바뀝니다. 여러 가지 값을 입력해서 실험해 봅시다.

최초에 들어 있던 10보다 큰 수를 입력합니다. 더 멀리 움직입니다.

마이너스 값을 입력합니다. 왼쪽으로 움직입니다.

고양이를 걷게 해본다

[○만큼 움직이기] 블록만으로 고양이는 바로 멈추고 맙니다. 걷는 것처럼 만들려면 어떻게 하면 좋을까요?

계속 움직이게 한다

동작을 계속하게 하려면 [무한 반복하기] 블록을 사용합니다. 앞 항목을 참고해서 블록을 이동하고 추가하세요.

❶ '제어' 카테고리에 있는 [무한 반복하기] 블록을 드래그 해서 오른쪽 영역에 놓습니다.

❷ [무한 반복하기] 블록 안에 앞에서 사용한 [○만큼 움직이기] 블록을 끼워넣습니다.

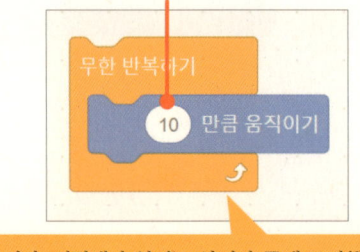

하지만, 이렇게만 하면 고양이가 끝에 도달했을 때 멈춰 버리므로, 되돌아 올 수 있도록 블록을 추가합니다.

블록을 드래그하면서 [무한 반복하기] 블록에 가까이 가져가면, 끼워지거나 다른 블록에 연결할 수 있습니다.

❹ '동작' 카테고리에 있는 [회전 방식을 왼쪽-오른쪽(으)로 정하기] 블록을 연결합니다.

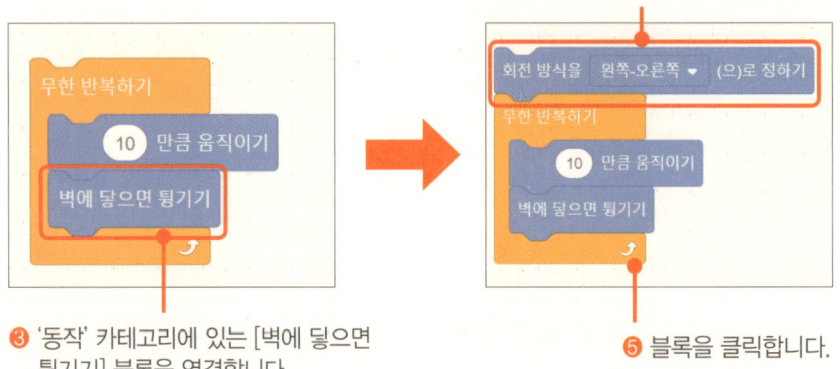

❸ '동작' 카테고리에 있는 [벽에 닿으면 튕기기] 블록을 연결합니다.

❺ 블록을 클릭합니다.

녹색 깃발(🏁)을 클릭하면 고양이가 방향을 바꾸면서 좌우로 왔다갔다 합니다. 멈추고 싶으면 빨간 버튼(🔴)을 클릭하세요.

걷는 것처럼 보이게 한다

왼쪽 예에서는 고양이는 미끄러지듯이 움직입니다. 블록을 추가해서 걷는 것처럼 만들어 봅시다. 다음과 같이 [다음 모양으로 바꾸기] 블록을 추가하세요.

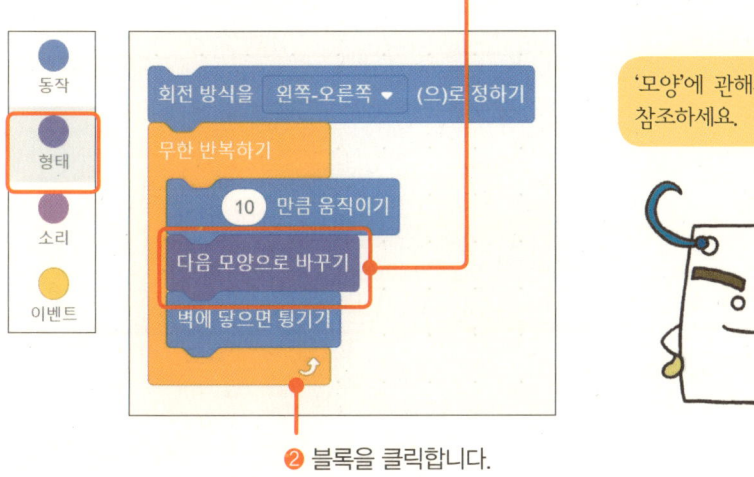

❶ '형태' 카테고리에 있는 [다음 모양으로 바꾸기] 블록을 '○만큼 움직이기' 아래로 드래그 앤 드롭해서 붙입니다.

'모양'에 관해서는 24페이지를 참조하세요.

❷ 블록을 클릭합니다.

녹색 깃발(🚩)을 클릭하면 고양이가 걸어가면서 좌우로 움직이게 됩니다.

사용자 조작에 반응한다

미리 정해진 동작만 하는 게 아니라 사용자 조작에 반응할 수 있다면, 프로그램의 기능이 다양해집니다.

🔓 클릭하면 소리를 내본다

사용자 클릭에 반응해 봅니다. 스크래치에는 소리를 다루는 기능도 있으므로, 이 기능을 이용해 마우스로 고양이를 클릭하면 '야옹' 하고 울게 합시다.

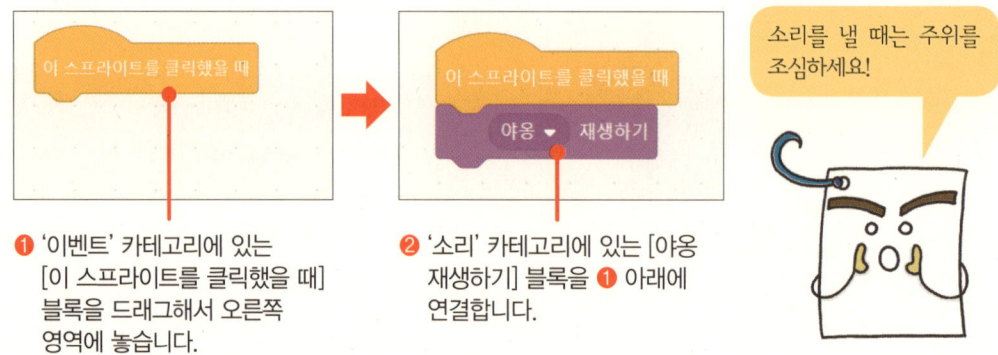

❶ '이벤트' 카테고리에 있는 [이 스프라이트를 클릭했을 때] 블록을 드래그해서 오른쪽 영역에 놓습니다.

❷ '소리' 카테고리에 있는 [야옹 재생하기] 블록을 ❶ 아래에 연결합니다.

소리를 낼 때는 주위를 조심하세요!

실행한 후에 고양이를 클릭해 봅시다. '야옹' 하는 울음소리가 들리시나요?

🔓 입력에 반응한다

이번에는 고양이를 마우스를 클릭하면, 사용자가 문자를 입력할 수 있도록 하겠습니다. 그리고 사용자가 입력한 문자를 고양이의 말풍선에 표시해 봅시다.

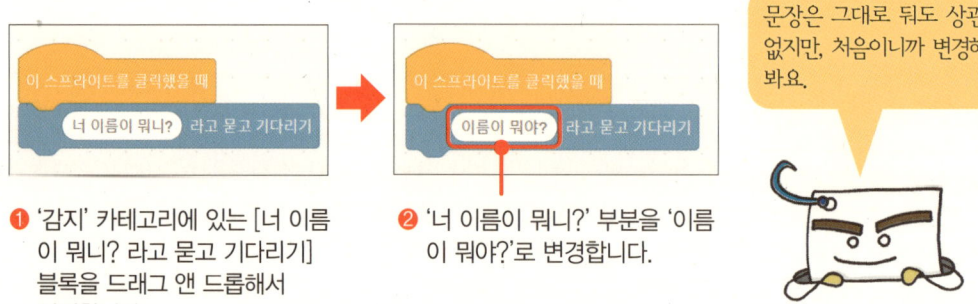

❶ '감지' 카테고리에 있는 [너 이름이 뭐니? 라고 묻고 기다리기] 블록을 드래그 앤 드롭해서 연결합니다.

❷ '너 이름이 뭐니?' 부분을 '이름이 뭐야?'로 변경합니다.

문장은 그대로 둬도 상관 없지만, 처음이니까 변경해 봐요.

❸ '형태' 카테고리에 있는 [안녕! 말하기] 블록을 연결합니다.

❺ '가위' 부분을 '반가워,'로 입력하여 변경합니다.

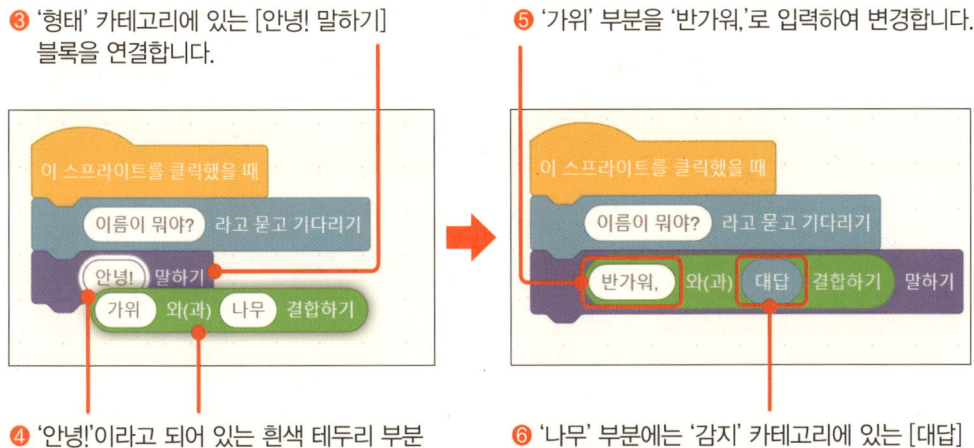

❹ '안녕!'이라고 되어 있는 흰색 테두리 부분에 '연산' 카테고리에 있는 [가위와(과) 나무 결합하기] 블록을 끼웁니다.

❻ '나무' 부분에는 '감지' 카테고리에 있는 [대답] 블록을 끼웁니다.

녹색 깃발(▶)을 클릭하면 다음과 같이 실행됩니다.

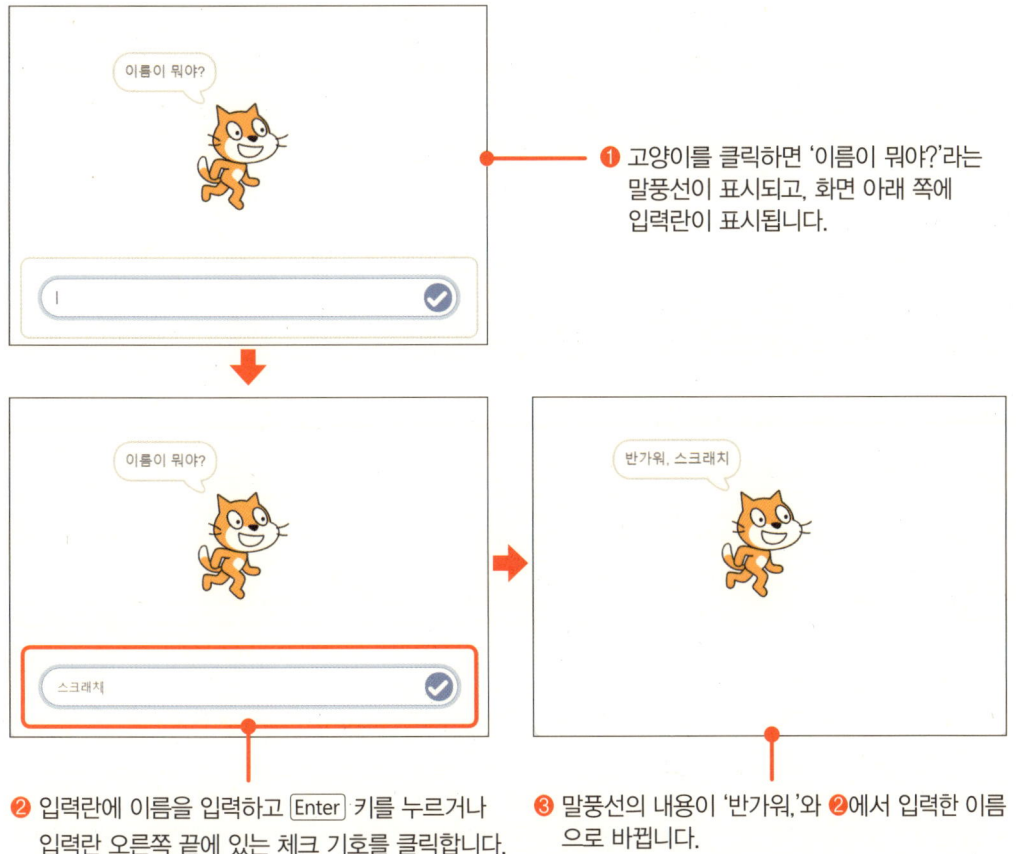

❶ 고양이를 클릭하면 '이름이 뭐야?'라는 말풍선이 표시되고, 화면 아래 쪽에 입력란이 표시됩니다.

❷ 입력란에 이름을 입력하고 Enter 키를 누르거나 입력란 오른쪽 끝에 있는 체크 기호를 클릭합니다.

❸ 말풍선의 내용이 '반가워,'와 ❷에서 입력한 이름으로 바뀝니다.

프로젝트를 저장한다

프로젝트(작품)를 만들었으면, 저장해 둡시다. 나중에 수정하거나 다시 불러와 바꿀 수 있습니다.

작품 이름을 변경한다

프로젝트의 이름은 초기 상태로는 'Untitled' 등으로 되어 있습니다. 이름은 언제든 변경할 수 있지만, 가능하면 프로젝트를 만들었을 때(4페이지) 변경해 두면 좋겠지요.

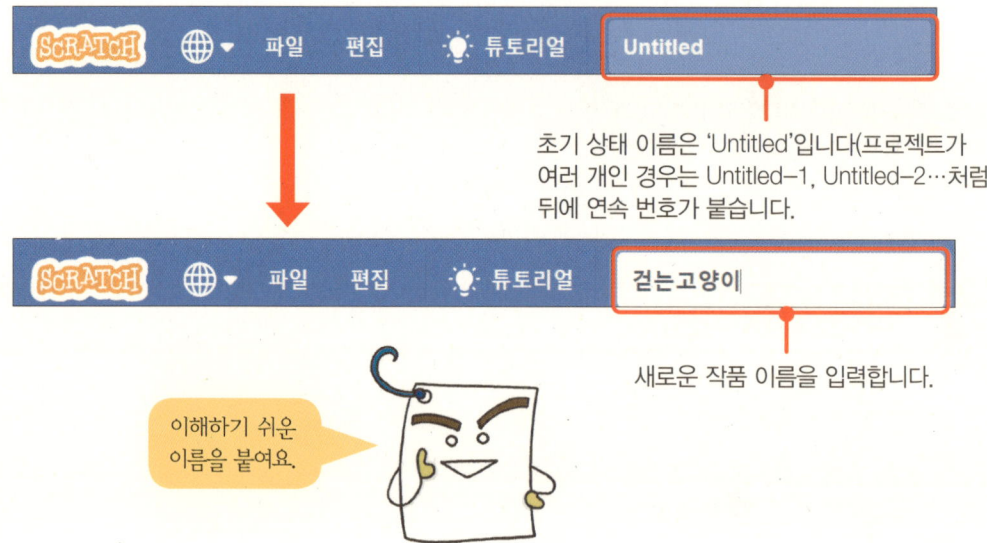

초기 상태 이름은 'Untitled'입니다(프로젝트가 여러 개인 경우는 Untitled-1, Untitled-2…처럼 뒤에 연속 번호가 붙습니다).

새로운 작품 이름을 입력합니다.

이해하기 쉬운 이름을 붙여요.

작품을 저장한다

로그인되어 있으면 작성한 프로젝트는 자동으로 스크래치 사이트에 저장되고, 프로그램 작성 중에도 정기적으로 자동 저장됩니다. 저장에 성공하면, 화면 오른쪽 위에 '프로젝트가 저장되었습니다.'라고 표시됩니다.

▶▶ 바로 저장한다

수동으로 저장하고 싶을 때는 도구바에 있는 '파일'을 클릭해서 '저장하기'를 선택합니다.

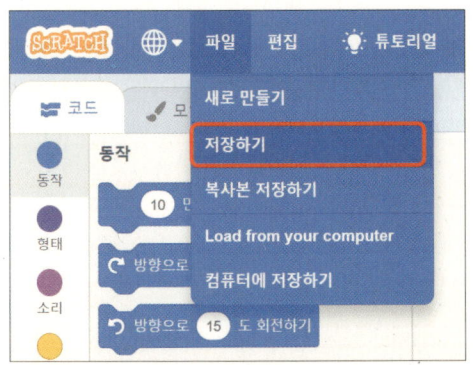 

부지런히 저장해두는 편이 안심할 수 있어요.

또는 뭔가 편집하면 화면 오른쪽 위에 '바로 저장하기'라고 표시되므로, 이 부분을 클릭해도 됩니다.

🔓 작품을 불러온다

저장한 프로젝트를 불러오려면 화면 오른쪽 위의 폴더 아이콘을 클릭합니다. '내 작업실' 페이지가 표시되면, 보고 싶은 프로젝트의 [스크립트 보기] 버튼을 클릭합니다.

스크래치 사이트가 아니라, 자신이 사용하는 컴퓨터에 저장하거나 컴퓨터에서 불러올 수도 있습니다. 부록(145페이지)를 참조하세요.

COLUMN

MIT

　MIT 미디어랩의 'MIT'는 미국의 매사추세츠공과대학교(Massachusetts Institute of Technology)의 약칭입니다. 매사추세츠주 케임브리지에 있는 사립대학으로, 영국의 대학평가기관(Quacquarelli Symonds, QS)에 의한 세계 대학 순위에서 2012년 이후 2018년까지 7년 연속으로 1위를 한 세계적인 엘리트 명문 대학입니다. 노벨상 수상자를 다수 배출한 것으로도 유명합니다.

　MIT의 기원은 1861년 매사추세츠 주의회의 인가를 얻어, 1865년에 개교한 이공계 고등교육기관입니다. 처음에는 보스턴의 벡베이라는 곳에 있었는데, 실용적인 교육을 중시해서 개교 당시 학생은 이미 토목, 건축, 기계 등의 기술을 가진 사회인이었고, 필요 때문에 강의를 들으러 오는 사람이 태반이었습니다. 그래서 대학이나 학교에서 연상되는 학생 기숙사나 식당 같은 것은 없었다고 합니다. 유럽과 미국에서는 기술 계통 직업이 경시돼 온 역사가 있어, MIT도 당시에는 사회적인 평가가 낮았습니다. 학교 운영 자금 조달에 고생한 적도 많았던 것 같습니다. 20세기 초에 케임브리지로 이전해 온 후에도 마찬가지로 케임브리지에 건립한 하버드 대학과의 대립 관계도 있어 'MIT는 직업훈련학교'라고 야유를 듣던 시기도 있었습니다.

　이런 상황을 크게 바꾼 것이 2차 세계대전입니다. MIT는 군사기술 연구개발에 공헌함으로써 세계에 명성을 떨쳤고, 높은 평가도 얻게 됐습니다.

　현재, MIT는 '공학', '경영학', '건축설계학', '인문과학·사회과학', '자연과학' 학부와 각 분야의 대학원으로 구성되어 있습니다. 공과대학이라는 명칭을 쓰고 있지만, 인문학과 경영학 분야에서도 인재를 다수 배출하고 있습니다.

　또한, 수많은 연구 기관이 있는데, 그중 하나가 MIT 미디어랩(x페이지)입니다. MIT 미디어랩에는 스크래치를 개발하고 유지하는 평생유치원 이외에도 많은 연구 그룹이 속해 있으며, 다양한 연구를 하고 있습니다. 어떠한 연구를 하는지 공개도 되어 있으므로, 흥미가 있으면 공식 사이트를 살펴보는 것도 좋습니다.

물론 영어 사이트예요.

2

스크래치의 구성 살펴보기

용어를 알아두자

　1장의 학습을 통해 스크래치의 대략적인 사용 방법을 이해했으니, 이번에는 화면 구성과 용어도 살펴봅시다.

　프로그램 작성 화면은 몇 개의 영역으로 나뉘어 있습니다. 이미 어떤 영역에서 다른 영역으로 블록을 이동시켜 보기도 했고, 또 다른 영역에서 고양이가 움직이는 것도 확인했습니다. 각 영역에는 사실은 이름이 붙어 있습니다. 1장에서 사용했던 고양이 캐릭터를 비롯해 준비된 미디어 등도 스크래치 고유의 용어로 불립니다. 그 용어들을 잘 알아두는 편이 학습을 원활하게 진행할 수 있습니다.

　본격적인 프로그래밍 학습을 시작하기 전에, 스크래치에 관해 좀 더 깊이 알아봅시다.

우선은 화면 구성입니다. 고양이가 움직이던 영역은 **무대**라고 합니다. 그리고 **블록 팔레트**, **스크립트 영역** 등도 자주 사용되는 용어입니다. 나머지는 실제 화면을 보면서 확인해 가는 게 좋겠습니다.

스크립트란 스크래치 프로그램을 말하며, 1장에서 움직여 본 고양이는 **스프라이트**라고 합니다. 스크래치에서는 기본적으로 스프라이트에 스크립트를 작성하고, 스크립트를 실행해 스프라이트를 움직입니다. 스프라이트는 스프라이트 라이브러리에 준비된 것 말고도 직접 만들거나, 파일을 업로드해서 사용할 수도 있습니다.

그런데 7페이지에서 [다음 모양으로 바꾸기] 블록을 사용하자, 고양이의 형태가 변하면서 걷는 것처럼 보였습니다. 스프라이트의 형태를 바꾼 일러스트를 **모양**이라고 합니다. 몇 가지 모양을 차례로 표시하면 애니메이션을 표현할 수 있고, 필요한 것만 골라서 표시할 수도 있습니다.

또한, 프로그램을 작성할 때는 좌표의 개념이나 스프라이트의 방향을 알아두는 것도 중요합니다.

외울 용어가 많아서 힘들지도 모르지만, 손을 움직여 스크립트를 작성하면서 조금씩 익숙해지세요.

화면 구성

1장에서 간단하게 다뤄봤지만, 다시 프로그램 작성 화면의 구성과 각 부분의 이름을 알아 둡시다.

프로그램 작성 화면

프로젝트를 만들면 프로그램 작성 화면이 표시됩니다(4페이지). 이 화면은 다음과 같이 되어 있습니다.

블록 팔레트
프로그래밍에 사용하는 블록이 있습니다. 블록을 오른쪽 스크립트 영역으로 끌어다 놓아 프로그램을 만듭니다.

스크립트 영역
이곳에서 실제로 블록을 조합해 프로그램을 만듭니다.

무대
만든 프로그램의 동작을 확인하는 곳입니다.

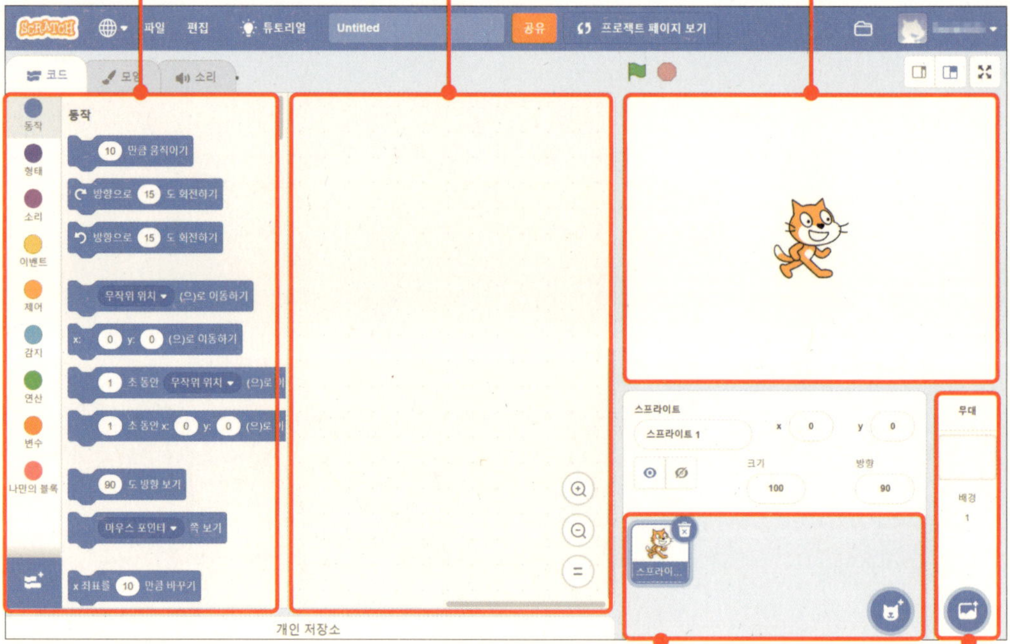

스프라이트 목록
프로그램에서 사용되는 스프라이트가 표시됩니다.

무대와 배경
이 부분을 클릭하면 무대와 배경을 다룰 수 있습니다.

좌표 개념

무대 상의 위치는 x와 y 좌표로 지정합니다. 무대 중앙이 중심이고, 오른쪽으로 x값이 증가, 위쪽으로 y값이 증가합니다. 무대 크기는 일정하고(480×360픽셀) 변경할 수 없습니다.

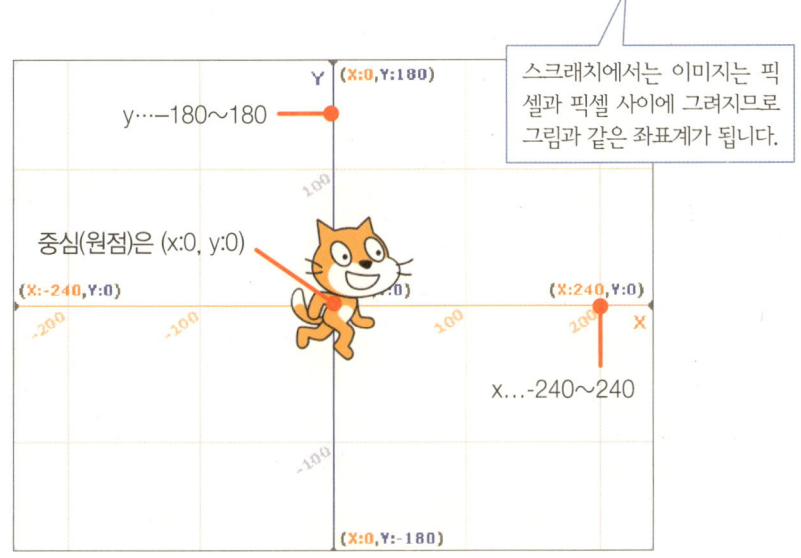

스크래치에서는 이미지는 픽셀과 픽셀 사이에 그려지므로 그림과 같은 좌표계가 됩니다.

※ 배경 라이브러리에서 좌표 배경을 추가했습니다.

좌표를 비롯해, 프로그램에서 사용하는 숫자는 반각으로 입력합니다.

▶▶ 스프라이트의 중첩 순서

스프라이트(22페이지)가 겹치면, [☐ 으로 순서 바꾸기] [☐ ○단계 보내기] 블록을 사용해 겹치는 순서를 지정할 수 있습니다.

블록 (1)

스크래치에는 다양한 블록이 준비되어 있습니다.

카테고리

블록은 기능별로 색이 달라집니다. 다음 9가지 종류의 카테고리가 있습니다.

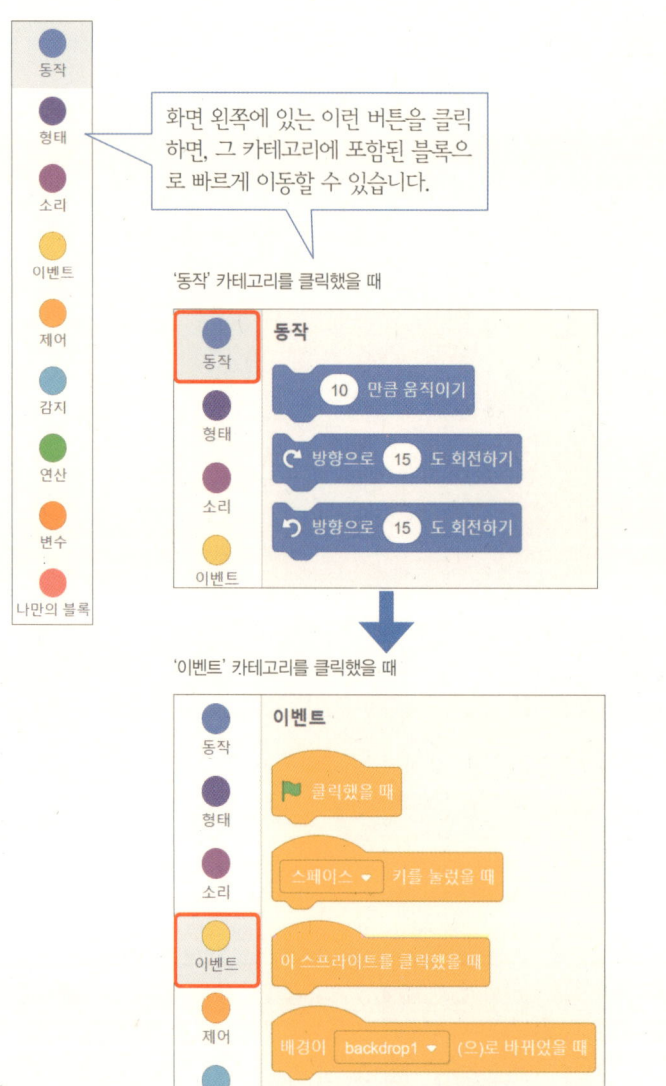

화면 왼쪽에 있는 이런 버튼을 클릭하면, 그 카테고리에 포함된 블록으로 빠르게 이동할 수 있습니다.

선택된 카테고리는 색이 변해요.

블록의 모양

블록은 역할에 따라 모양이 다르므로, 모양으로 구분할 수도 있습니다. 이 모양을 보고 조합하기도 하고 다른 블록에 끼워넣을 수 있는지 알 수 있게 됩니다.

블록	이름과 기능
클릭했을 때	**모자(Hat) 블록** 스크립트를 시작하기 위한 블록으로, 그 아래에 연결된 블록을 실행합니다. 그러므로 블록은 아래로만 연결됩니다.
10 만큼 움직이기	**스택 블록** 여러 가지 명령을 실행하는 블록으로, 위아래로 다른 블록을 연결할 수 있습니다. 가장 숫자가 많은 블록입니다.
> 50	**진위 블록** 참(true) 또는 거짓(false) 중 어느 한 쪽 상태를 나타내는 블록입니다. 다른 블록 안에 삽입해서 이용합니다.
변수	**값 블록** 수치나 문자열과 같은 어떤 값이 들어가는 블록입니다. 다른 블록 안에 삽입해서 이용합니다.
10 번 반복하기	**C형 블록** 알파벳 C 모양을 한 블록으로, 안에 다른 블록을 넣어 사용합니다. 분기(44페이지)나 반복(64페이지) 등을 실행합니다.
멈추기 모두 ▼	**캡 블록** 실행 중인 스크립트와 프로젝트를 정지하는 블록입니다. 그러므로 이 블록 아래에 다른 블록을 연결할 수 없습니다.

※블록은 한 예입니다.

모양의 차이로 역할을 이해하기 쉬울 뿐만 아니라, 문법 실수도 방지할 수 있어요.

블록 (2)

블록을 조합하거나 떼어내는 방법을 확인해 둡시다.

조합 방법의 기본

블록은 블록 팔레트로부터 스크립트 영역으로 드래그 앤 드롭하고 조합해서 사용합니다.

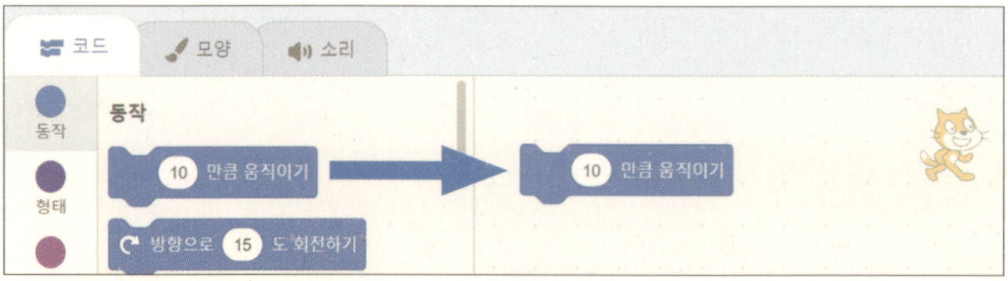

> 블록을 조합하고 싶은 블록에 드래그해서 가까이가면 자석처럼 달라붙어요.

> 모자 블록, 스택 블록, 캡 블록은 처리 순서에 따라 위아래로 연결해 갑니다.

> 진위 블록과 값 블록은 다른 블록에 삽입합니다.

> C형 블록은 실행하고 싶은 블록을 안에 삽입합니다.

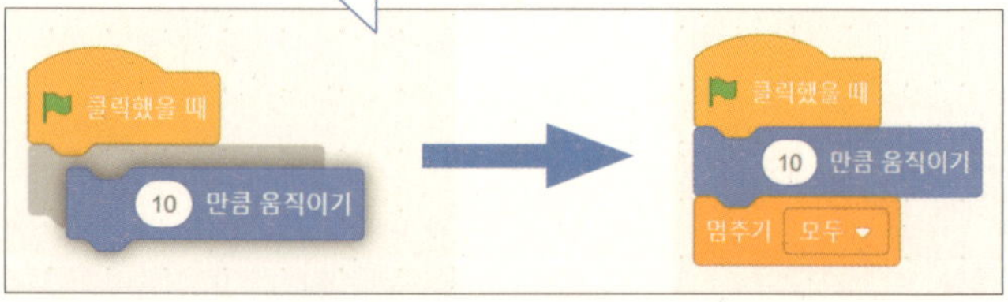

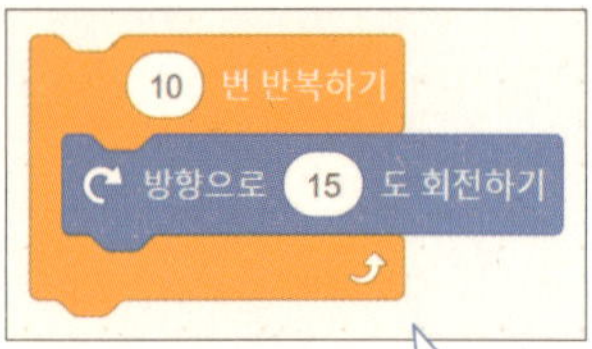

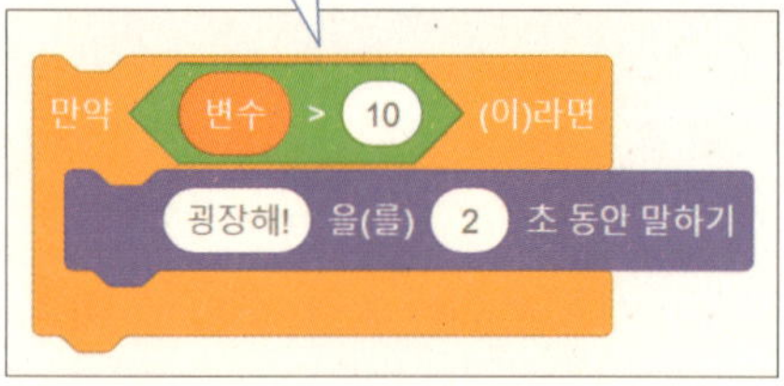

이처럼 여러 개의 블록을 조합해서 만든 프로그램을 **스크립트**라고 합니다. 그리고 블록을 조합하는 것을 코딩이라고 합니다.

블록을 떼어 내는 법

블록을 떼어 내려면 떼어 내고 싶은 블록을 선택해서 드래그합니다.

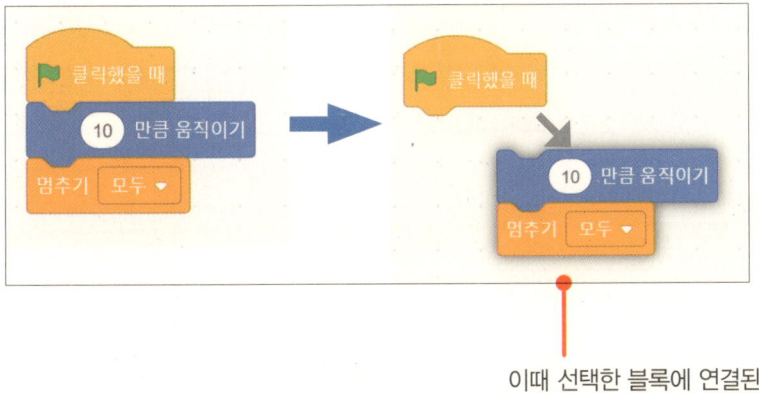

이때 선택한 블록에 연결된
아래 블록도 함께 떨어집니다.

블록을 삭제하는 법

블록을 삭제하고 싶을 때는 시작할 때와 반대로 스크립트 영역에서 블록 팔레트로 드래그 앤 드롭합니다.

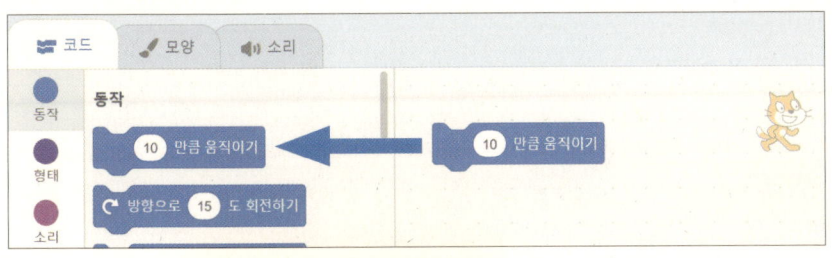

블록을 우클릭할 때 표시되는
'블록 삭제하기' 메뉴로도 지울
수 있습니다.

스프라이트

스크래치는 스프라이트 조작이 기본입니다.

 ## 스프라이트란

프로젝트 안에서 실행될 캐릭터 등을 **스프라이트**라고 합니다. 스크래치에서는 이 스프라이트에 스크립트를 작성하는 것이 프로그래밍의 기본입니다.

스프라이트를 움직이거나 변화시켜 작품을 만듭니다.

1장에서 움직였던 고양이는 대표적인 스프라이트입니다.

스프라이트는 스프라이트 라이브러리(92페이지)에서 불러오거나 직접 그려서(139페이지) 준비할 수 있습니다.

스프라이트 정보

무대 아래에는 스프라이트의 상세한 정보가 표시됩니다. 여기서 스프라이트 이름을 변경하거나 직접 값을 지정할 수도 있습니다.

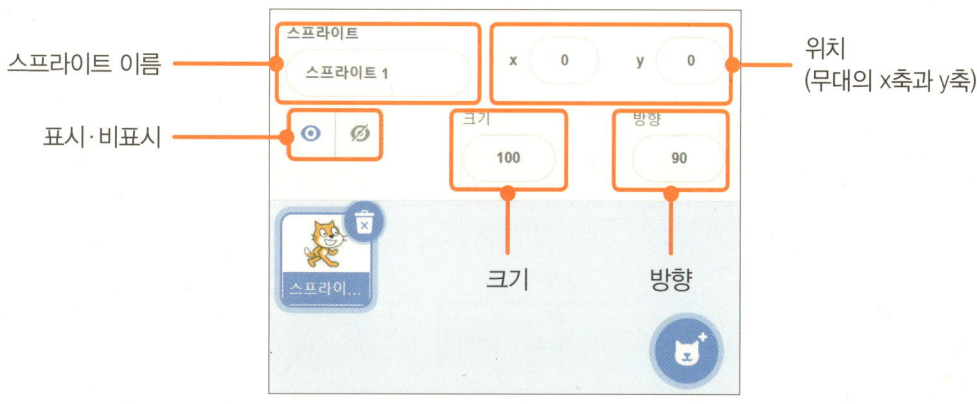

≫ 스프라이트의 방향

스프라이트의 방향은 각도로 지정합니다. 위를 0도로 해서 아래 그림처럼 지정합니다.

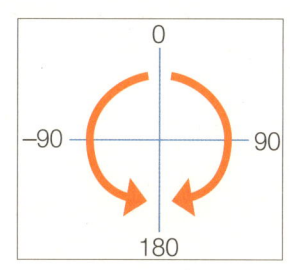

각도를 나타내는 원의 화살표를 드래그해도 스프라이트의 방향을 바꿀 수 있어요.

'방향' 부분을 클릭하면, 각도를 나타내는 원이 표시됩니다. 실제로 방향과 각도의 관계를 확인해 봅시다.

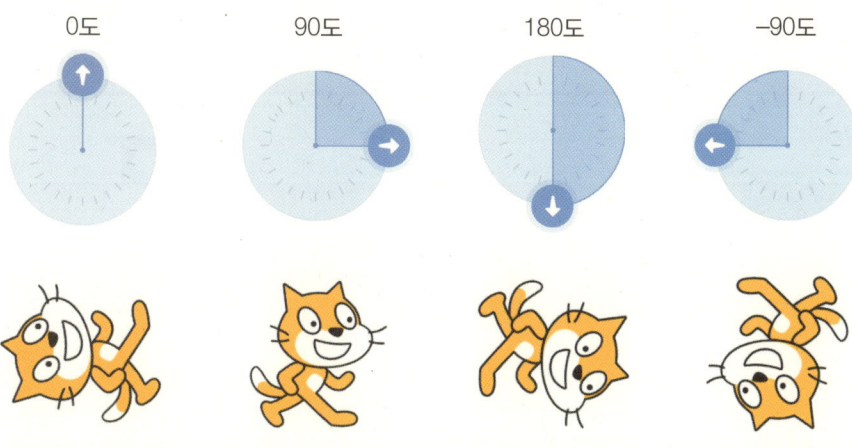

모양

스프라이트는 다른 그림을 준비해서 보이는 모습을 변경할 수 있습니다.

모양이란

모양이란 스프라이트의 모습을 바꿀 형태를 말합니다. 스프라이트는 다양한 모양으로 바꿀 수 있습니다.

≫ 표시될 모양 확인하기

모양은 다음 단계를 거쳐 확인할 수 있습니다.

❶ '모양' 탭을 클릭합니다.

❷ 화면 왼쪽에 그 스프라이트에 속한 모양이 표시됩니다.

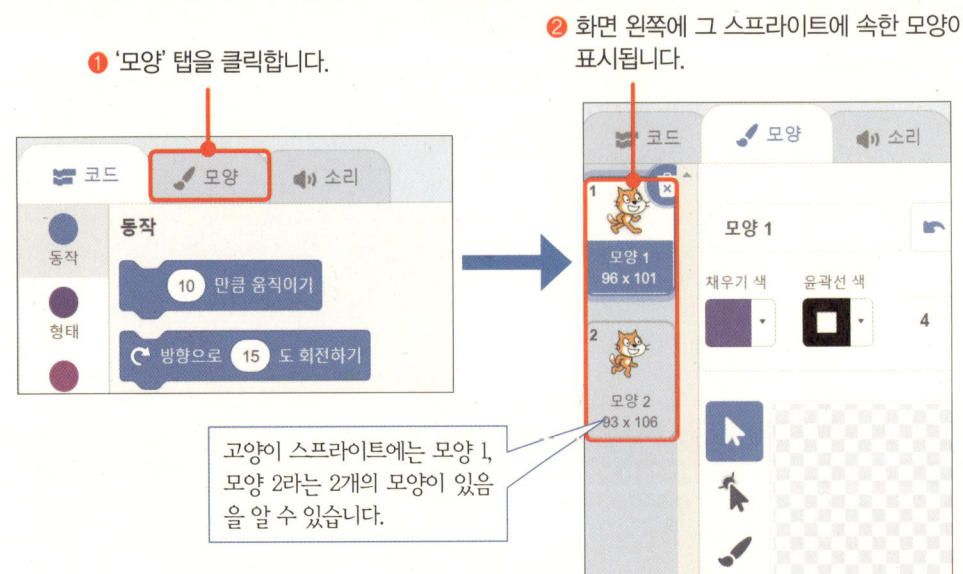

고양이 스프라이트에는 모양 1, 모양 2라는 2개의 모양이 있음을 알 수 있습니다.

모양 변경하기

모양을 변경하려면, '형태' 카테고리에 있는 [모양을 ○(으)로 바꾸기] 블록과 [다음 모양으로 바꾸기] 블록을 사용합니다.

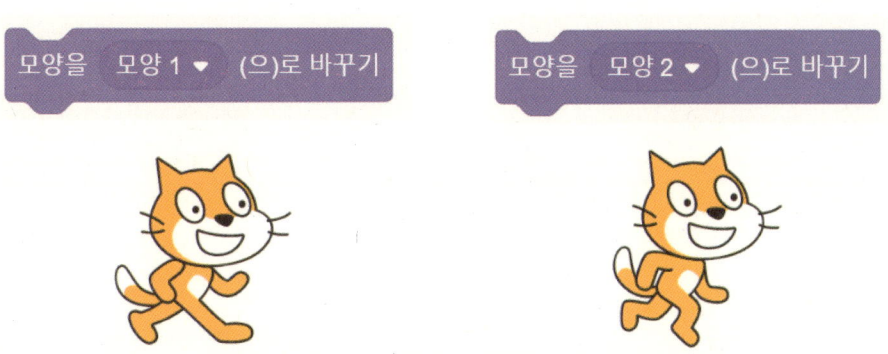

모양을 잘 활용하면 애니메이션과 같은 효과를 만들 수도 있습니다. 1장에서 만든 스크립트(7페이지)로 확인해봅시다.

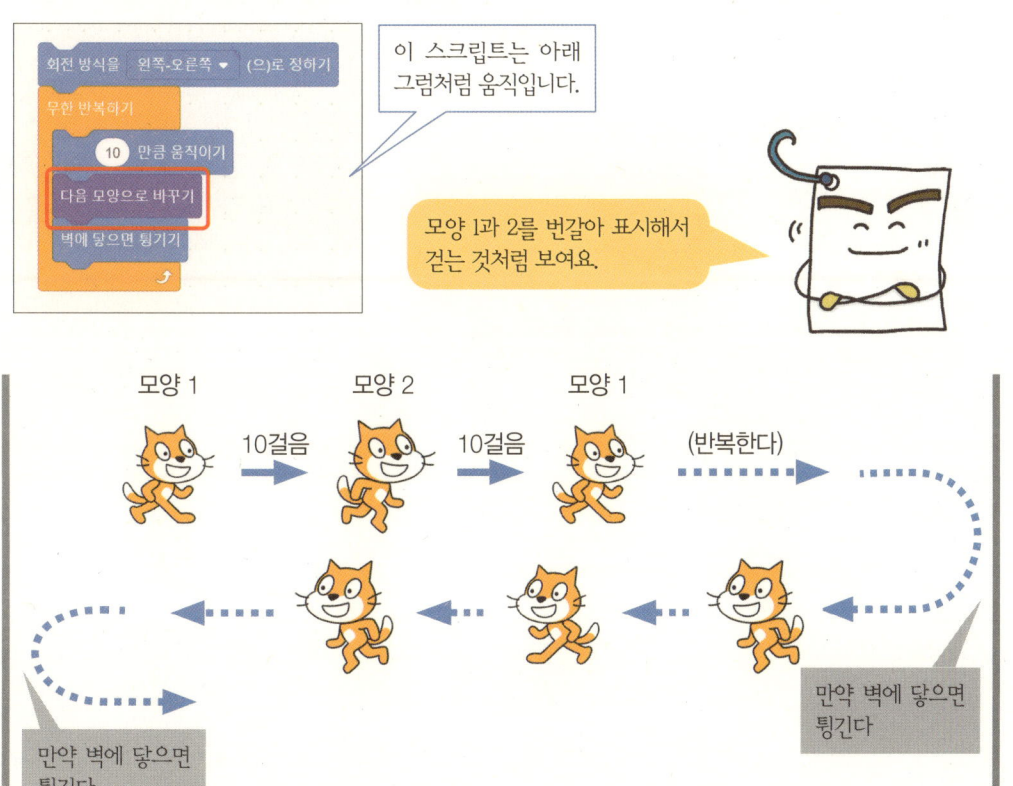

배경

작품에는 배경이 있는 편이 돋보이지요.

배경 추가하기

프로젝트에는 복수의 배경을 설정할 수 있습니다. 배경 라이브러리에서 배경을 추가하려면 다음과 같이 합니다.

❶ 화면 오른쪽 아래에 있는 배경 버튼을 클릭합니다.

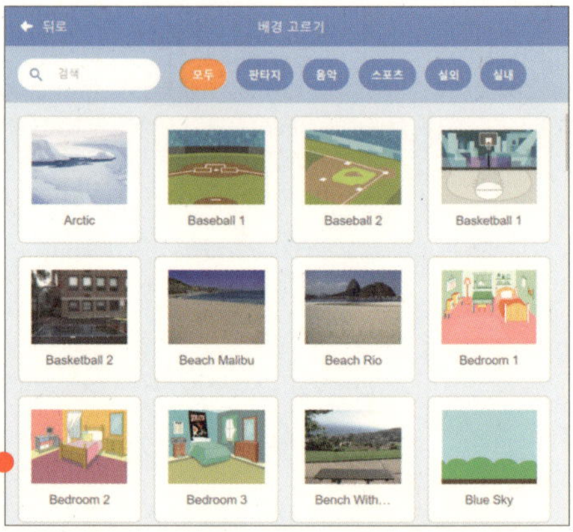

❷ 배경을 선택하는 페이지가 열리면, 추가하고 싶은 배경을 선택합니다.

❸ 무대에 배경이 추가됩니다.

> 배경을 여러 개 사용하고 싶을 때는 필요한 수만큼 이 과정을 반복해요.

배경 변경하기

무대에 표시된 배경을 변경해 봅시다.

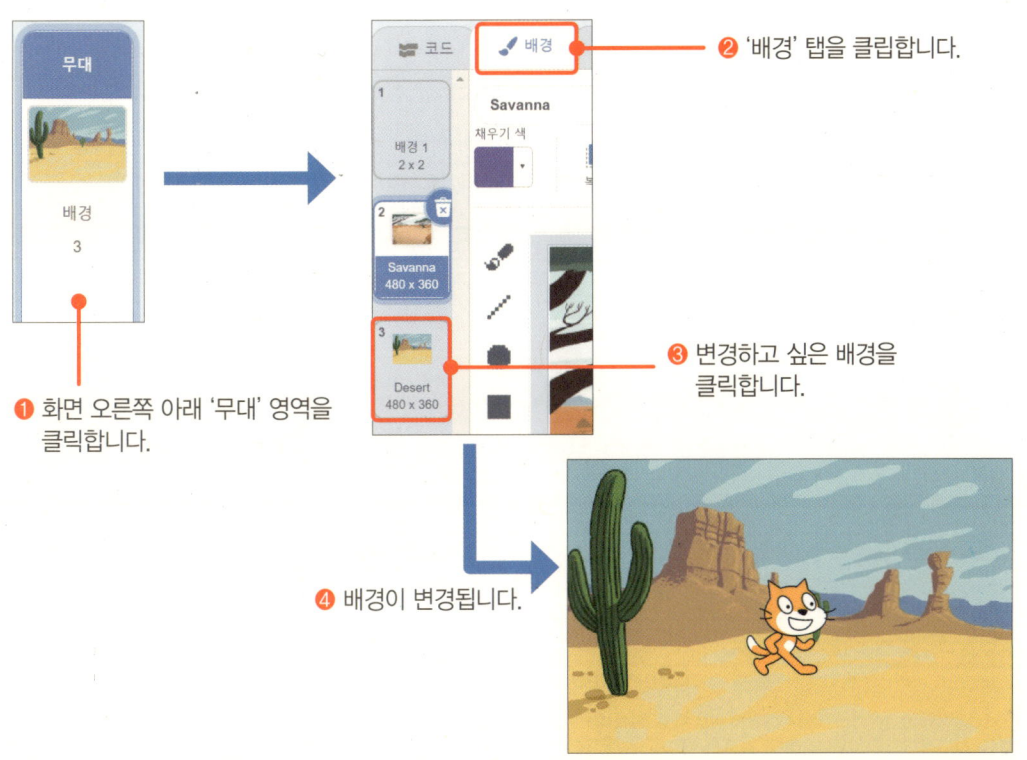

❶ 화면 오른쪽 아래 '무대' 영역을 클릭합니다.

❷ '배경' 탭을 클릭합니다.

❸ 변경하고 싶은 배경을 클릭합니다.

❹ 배경이 변경됩니다.

 ## 무대 스크립트

위의 ❶처럼 '무대' 영역을 클릭하면 스크립트 작성 화면이 무대(배경)용 화면으로 바뀝니다. 또한, 블록도 무대용 블록으로 바뀝니다. 스프라이트에 사용하는 블록과 다른 부분도 있으므로 주의합시다.

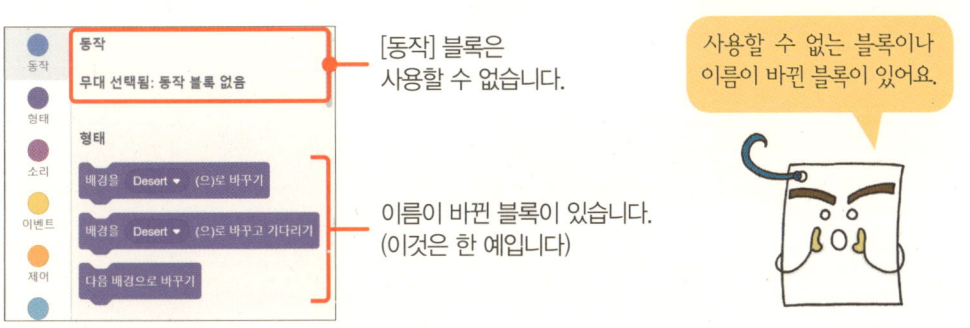

[동작] 블록은 사용할 수 없습니다.

이름이 바뀐 블록이 있습니다. (이것은 한 예입니다)

사용할 수 없는 블록이나 이름이 바뀐 블록이 있어요.

배경 | 27

COLUMN
객체 지향

　스크래치에서는 스프라이트에 스크립트를 작성해 갑니다. 6장에서는 복수의 스프라이트를 다루게 되는데, 스프라이트 종류가 다르면 스크립트도 각각 달라집니다. 스크래치를 갓 시작한 사람은 그것을 독특하다고 생각할지도 모르지만, 프로그래밍 관점에서 볼 때 이러한 스크래치의 설계는 객체 지향이라는 사고방식에 바탕을 두고 있습니다.

　객체 지향이란 객체(사물)를 주체로 프로그래밍해 가는 사고방식입니다. 스크래치에서 객체는 스프라이트에 해당합니다. 즉, 모든 스크립트는 객체에 속한다는 것이 객체 지향의 사고방식입니다. 캐릭터나 윈도를 다루는 프로그래밍에서는 이들을 객체로 다루는 객체 지향 프로그래밍이 적합합니다.

　반면에, 예전부터 있던 '객체 지향이 아닌' 프로그래밍에서는 스크립트가 주체가 됩니다. 다시 말해, 스크립트는 객체에 속하지 않는 한 종류이고, 거기에 스프라이트를 표시하기도 하고 움직이기도 하는 코드를 작성하게 됩니다. 이 방법으로는 대규모 프로그램이 됐을 때 정리가 되지 않아 개발이 곤란합니다. 또한, 작업 분담이나 코드의 재이용 측면에서도 객체 지향 프로그래밍이 우수한 특징을 보입니다.

　일반적인 프로그래밍 언어는 대부분 객체 지향 언어로서의 특징이 있지만, 특히 Java, C++, C# 등이 유명합니다. 스크래치 프로그래밍을 경험해 두면, 위에 예를 든 언어를 학습할 때 '아, 스크래치에서 했던 거다'하고 깨닫고 척척 이해할 수 있을 것으로 생각합니다.

데이터를 저장하는 상자·복수의 데이터를 모으는 상자

그럼, 이제부터 슬슬 프로그래밍다운 내용으로 들어가 볼까요?

우선, **변수**입니다. 변수란 수치나 문자 등 변화하는 값을 넣어두는 '상자'와 같은 것이라고 생각하세요. 상자에는 이름을 붙여 값을 넣어둡니다. 그 값을 계산에 사용하기도 하고 현재 값을 표시하기도 하는 등 다양한 용도로 쓸 수 있습니다. 일반적인 프로그래밍 언어에서는 값에 따라서 정수용이나 문자열용 등 상자의 성질을 지정해야 하고(자료형이라고 합니다), 용도에 맞는 다양한 상자를 준비하는 언어도 있지만, 스크래치에서는 이런 작업이 필요 없습니다. 수치든 문자든 신경 쓰지 않고 변수 상자를 사용할 수 있습니다. 값을 넣을 때 '이건 수치', '이건 문자열' 등으로 구별하지 않아도 되므로 매우 편리합니다.

하지만, 변수에 넣을 수 있는 값은 하나뿐입니다. 그래서 스크래치에는 복수의 값을 다루는 방법도 준비되어 있습니다. 이때 사용하는 것이 이 장 후반에 소개할 **리스트**라는 자료 구조입니다. 리스트는 변수 상자를 나열해 하나로 모은 것입니다. 상자가 여러 개라는 말은 그만큼 많은 데이터를 처리할 수 있게 된다는 뜻입니다.

연산과 처리를 나누는 방법을 이해한다

연산과 **연산자**도 학습합시다. 연산자란 계산에서 사용하는 '+'나 '-' 기호를 말합니다. 단, 컴퓨터 키보드에 '÷'가 없는 걸 보면 알 수 있듯이 수학에서 사용하는 연산자와 조금 다른 것도 있습니다. 또한, 컴퓨터 연산은 수치끼리 계산만 하는 것이 아닙니다. 변수와 값을 비교해 같은지, 큰지, 작은지 등을 판단하는 **비교 연산**이나, 조건을 연결해 더 복잡한 조건을 나타내는 **논리 연산**이라는 것도 있습니다. 이 장 끝에서는 문자나 문자열을 다루는 방법과 수학 연산 등도 더 소개합니다. 수학 연산에서는 고등학교에서 배우는 어려운 블록도 준비되어 있다니! 하고 깜짝 놀랄지도 모릅니다.

연산자를 이해하면, 위에서 언급한 비교 연산이나 논리 조건으로 조건식을 만들고, 그 조건식의 결과에 따라 처리를 다르게**(조건 분기)** 할 수 있게 됩니다. 잘 사용하면 몇 가지 처리로 나눠 복잡한 처리도 할 수 있습니다. 프로그램의 흐름을 바꾸는 방법에는 '반복'이라는 것도 있지만, '반복'에 관해서는 4장에서 설명합니다.

변수 (1)

변수는 수치나 문자 등 변화하는 값을 넣는 상자입니다.

변수란

변수란 프로그램 내의 값(수치나 문자), 입력 결과, 계산 결과 등을 넣어 두는 상자입니다.

값
변수의 내용

변수명
변수는 이름을 붙여 사용합니다.

변수에 값을 넣는 것을 대입이라고 해요.

변수는 값을 넣고 뺄 수 있어, 값이 들어간 변수에 값을 대입할 수도 있습니다.

원래 값은 사라져요.

실제로 스크래치에서 변수를 만들어 봅시다. '변수' 카테고리에 있는 [변수 만들기] 버튼으로 간편하게 만들 수 있습니다.

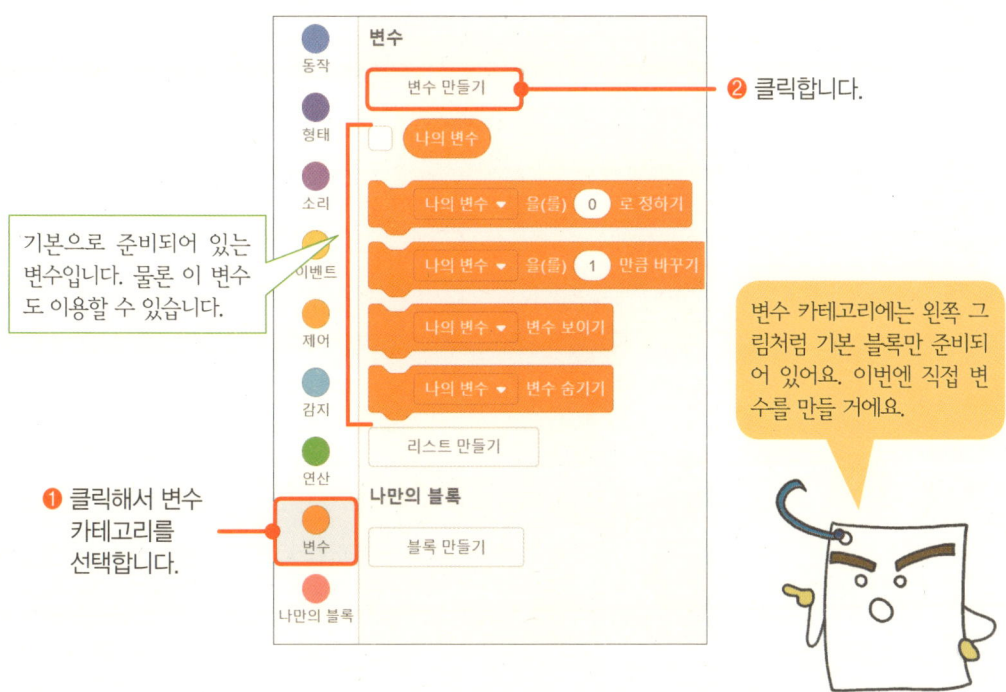

'새로운 변수' 대화창이 열리면 다음처럼 설정합니다.

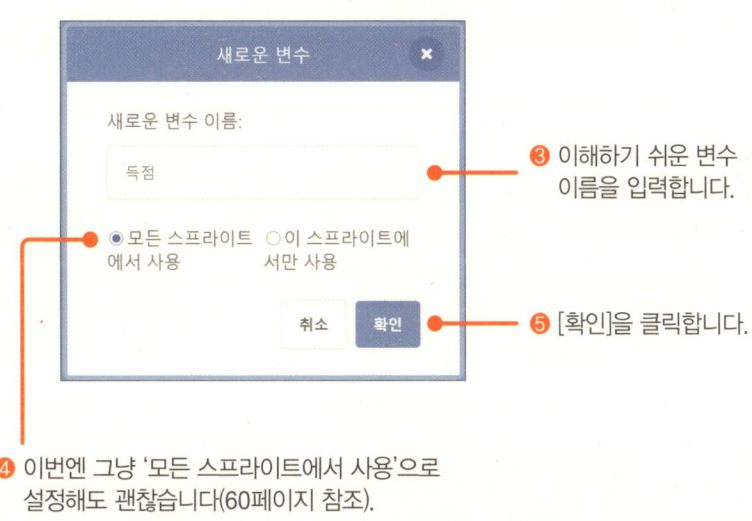

변수 (2)

앞에서 만든 변수 블록의 동작을 확인해 봅시다.

변수 블록

변수를 만들면(33페이지) 블록 팔레트의 블록에 변수 이름이 표시됩니다. 변수 카테고리를 보면 아래 그림처럼 다섯 종류의 블록을 사용할 수 있게 되어 있습니다. 또한, 무대에도 변숫값이 표시됩니다.

값 블록
변수의 값이 들어갑니다.

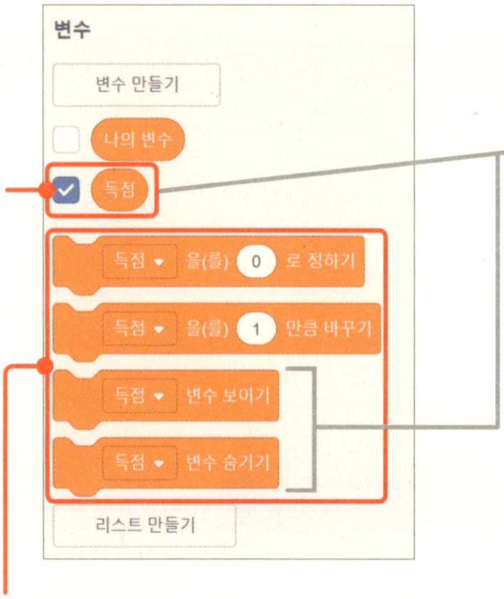

작성한 변수 이름(이번에는 '득점')이 표시됩니다.

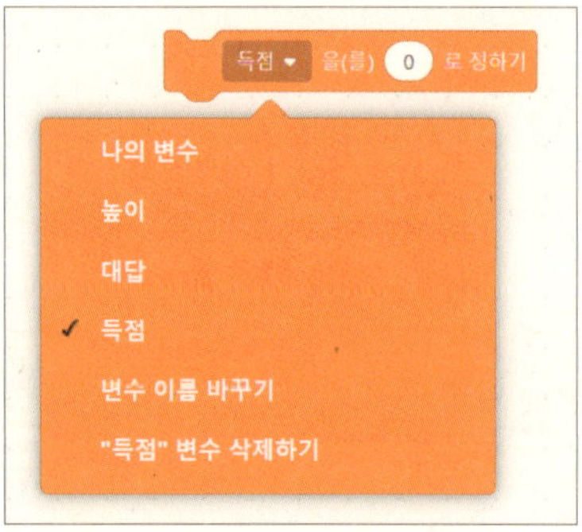

무대 위의 값은 동그란 값 블록의 체크 표시를 온/오프하거나, [☐ 변수 보이기], [☐ 변수 숨기기] 블록으로 표시 또는 비표시할 수 있습니다.

변수를 여러 개 만들면 메뉴에 변수 이름이 추가되지요. ▼를 클릭해 사용할 변수를 선택하세요.

새로 만든 변수 블록으로 변수의 동작을 확인해 둡시다.

아래 그림처럼 [득점을 ○로 정하기], [득점을 ○만큼 바꾸기], [득점] 블록을 스크립트 영역으로 드래그 앤 드롭합니다.

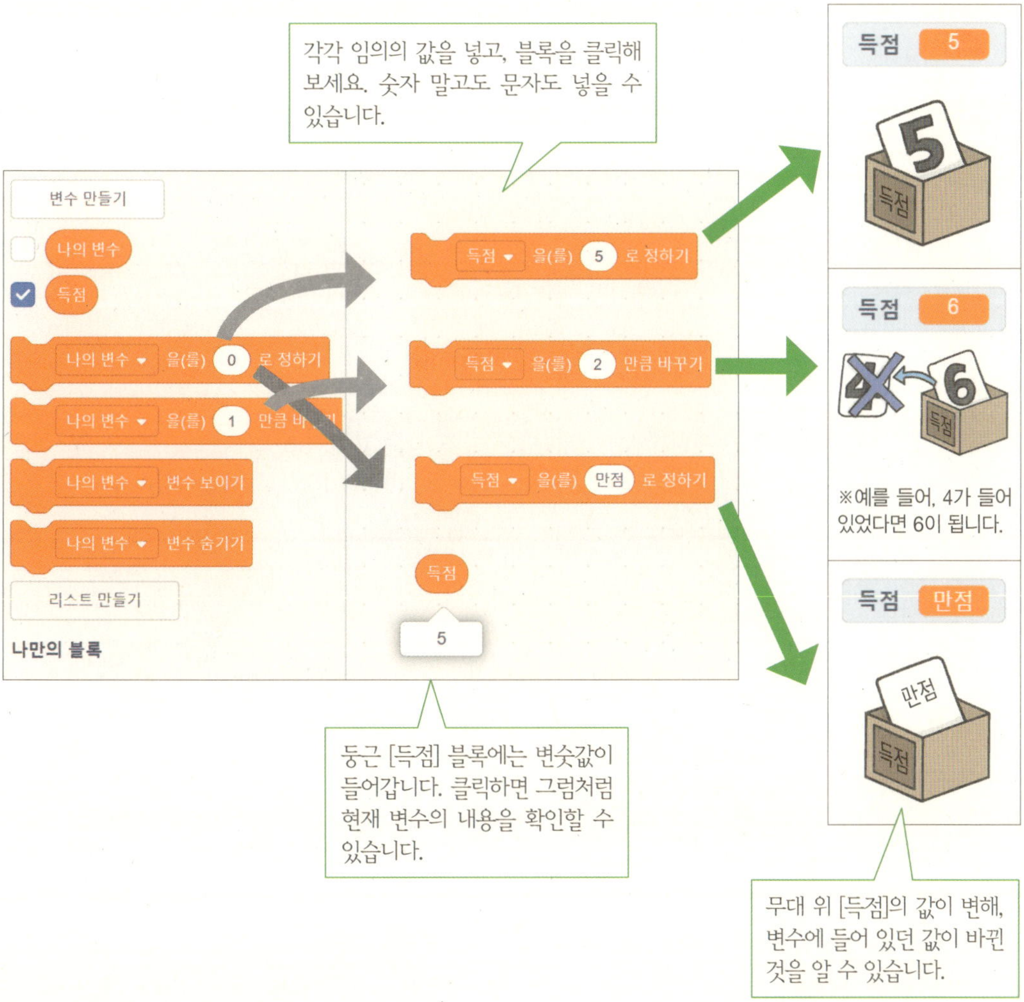

각각 임의의 값을 넣고, 블록을 클릭해 보세요. 숫자 말고도 문자도 넣을 수 있습니다.

둥근 [득점] 블록에는 변숫값이 들어갑니다. 클릭하면 그림처럼 현재 변수의 내용을 확인할 수 있습니다.

※예를 들어, 4가 들어 있었다면 6이 됩니다.

무대 위 [득점]의 값이 변해, 변수에 들어 있던 값이 바뀐 것을 알 수 있습니다.

≫ 무대 상의 표시에 관해서

무대 상의 표시 위치는 드래그 앤 드롭으로 이동할 수 있습니다. 또한, 마우스 더블클릭이나 우클릭으로 표시 방법을 바꿀 수 있습니다.

보통 보기	크게 보기	슬라이더 사용하기

변수는 이런 때 편리

변수를 사용하지 않고 프로그램을 만들려면 복잡하고 시간이 많이 걸립니다.

변수 사용해 보기

예를 들어, 다음과 같은 동작을 생각하고 스크립트를 만들었다고 하겠습니다.

- 고양이를 10걸음 움직인다.
- 1초 기다린다.
- 고양이를 10걸음 움직인다.
- 1초 기다린다.
- 고양이를 10걸음 움직인다.
- '오늘도 안녕!'이라고 2초간 말한다.

만들어 보긴 했는데 10걸음을 50걸음으로, 1초를 2초로 바꾸고 싶네.

≫ 변수를 사용하지 않는 경우

실제로 움직일 걸음 수와 기다릴 초 수를 변경해 봅시다.

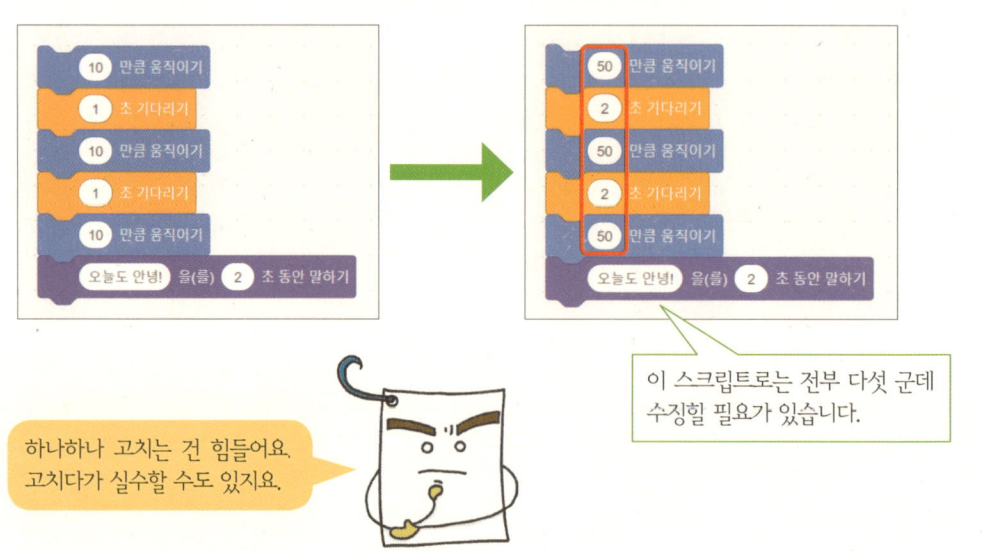

이 스크립트로는 전부 다섯 군데 수정할 필요가 있습니다.

하나하나 고치는 건 힘들어요. 고치다가 실수할 수도 있지요.

≫ 변수를 사용해 스크립트를 다시 작성한다

33페이지를 참고로 '걸음수', '정지'라는 변수를 만들고, 스크립트를 다음과 같이 만들어 봅시다.

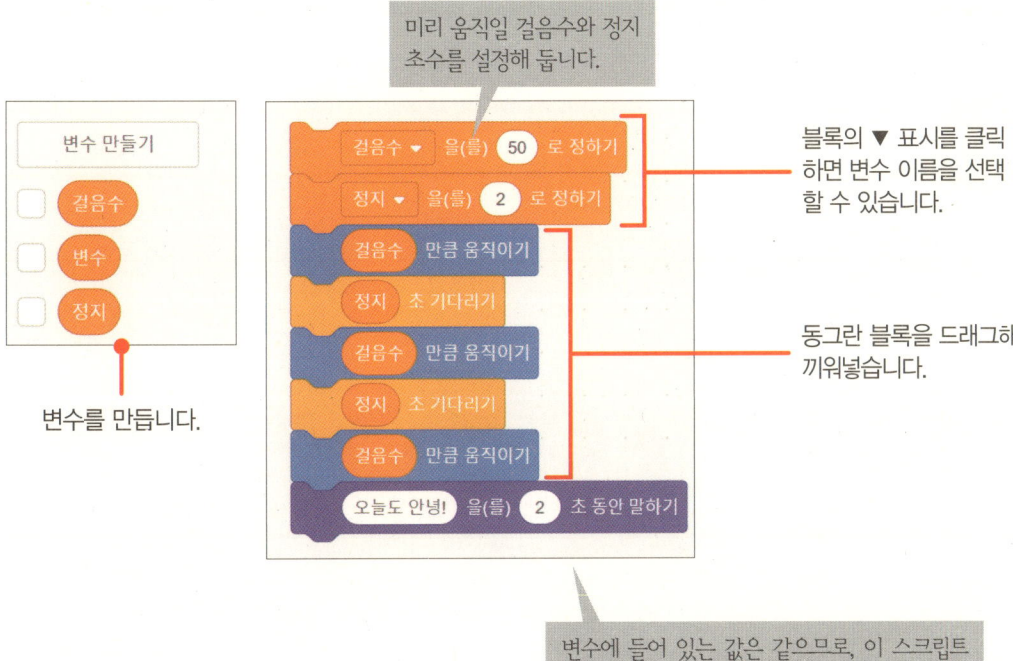

이처럼 변수는 같은 데이터를 여러 번 이용하거나 게임의 득점처럼 값이 변화해가는 것을 다룰 때 사용합니다. 재사용할 수 있고 수정하기에도 쉬운 프로그램이 됩니다.

처리에 따라 내용이 변하기 때문에 '변수'랍니다.

연산

연산이란 계산하는 것을 말합니다. 자주 사용되는 블록으로, 연산의 기본을 학습합시다.

 ## 연산자

연산(계산)에 이용하는 '+'와 '-' 등의 기호를 **연산자**라고 합니다. 수를 계산하는 연산자 이외에, 값을 비교하거나 조건을 판단할 때 사용하는 연산자 등이 있습니다. 그리고, 연산자로 연결된 덩어리를 식이라고 합니다.

 ## 수를 계산하는 연산자

수를 계산할 때 이용하는 연산자를 **산술 연산자**라고 합니다. 스크래치에도 다음과 같은 산술 연산자 블록이 있습니다.

블록	기능	의미
◯ + ◯	+ (더한다)	덧셈 결과(더하기)
◯ - ◯	- (뺀다)	뺄셈 결과(빼기)
◯ × ◯	× (곱한다)	곱셈 결과(곱하기)
◯ ÷ ◯	÷ (나눈다)	나눗셈 결과(나누기)
◯ 나누기 ◯ 의 나머지	…(나머지)	나눗셈의 나머지(나머지)

수학 연산지와 같은 것도 있고 쓰는 방법이 다른 것도 있어요.

조건식에서 사용하는 연산자

프로그래밍에서 값을 비교해 **조건식**을 만들고, 그 조건이 성립하는지 성립하지 않는지에 따라 처리를 변경할 수 있습니다. 이때 사용하는 연산자를 **비교 연산자**라고 하고, 스크래치에서는 다음과 같은 비교 연산자 블록을 이용할 수 있습니다.

블록	기능	의미
	> (크다)	첫 번째 값이 두 번째 값보다 크다.
	< (작다)	첫 번째 값이 두 번째 값보다 작다.
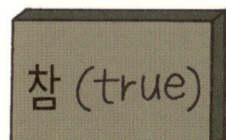	= (같다)	첫 번째 값과 두 번째 값이 같다.

≫ **참(true)과 거짓(false)**

조건식의 결과는 조건이 성립될 경우에는 '참(true)', 성립되지 않을 경우에는 '거짓(false)'이 됩니다.

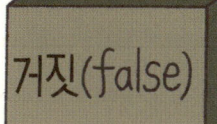

변수와 연산의 조합

연산에서는 수치뿐만 아니라 변수를 사용할 수도 있습니다.

여러 가지 연산

여기까지 변수와 연산(연산자)를 학습했으니, 학습한 연산자를 사용한 여러 가지 연산의 예를 살펴보겠습니다. 블록을 클릭하면 다음처럼 계산 결과를 확인할 수 있습니다.

≫ 수치만 다루는 연산

■ 덧셈과 뺄셈

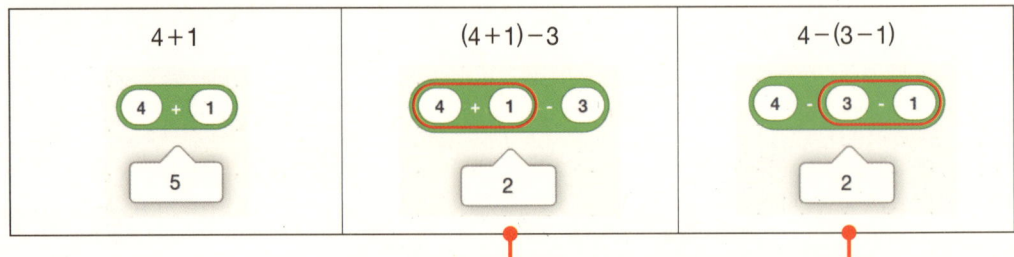

3개 이상의 값을 계산할 경우는 블록을 조합합니다. 안쪽 블록이 먼저 계산됩니다. 블록을 수학의 ( )로 생각하면, 계산 순서를 이해하기 쉽겠지요.

■ 곱셈과 나눗셈

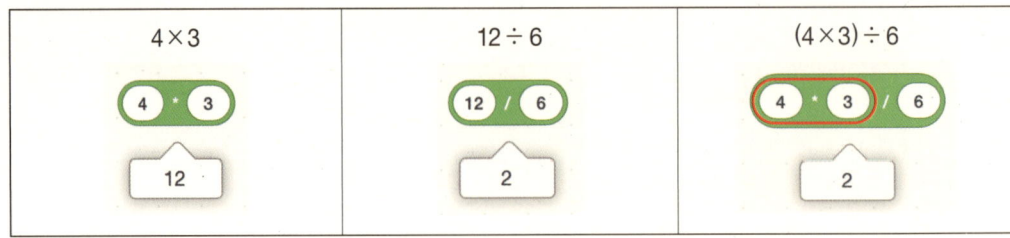

■ 계산 우선순위가 다른 경우

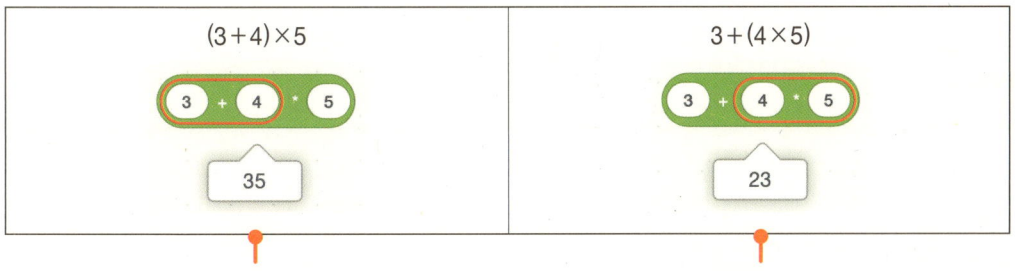

이 두 블록은 조합 방법이 다르므로 계산 결과가 달라집니다.

■ 비교연산자를 사용한 예

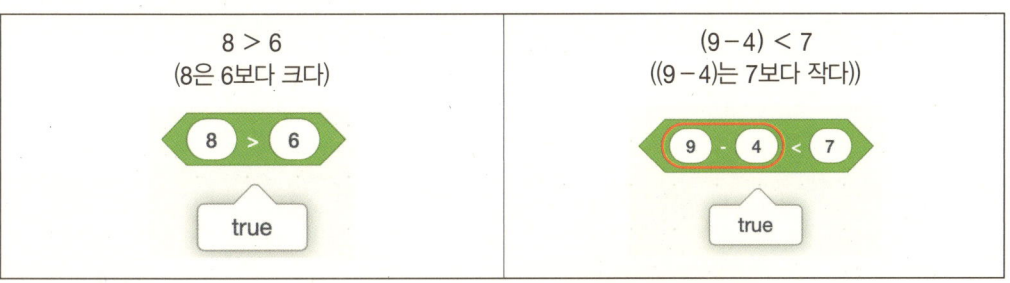

≫ 변수를 사용한 연산

변수를 조합한 식을 사용해 블록을 만들어 봅시다.

여러 가지 연산을 시험해봐요.

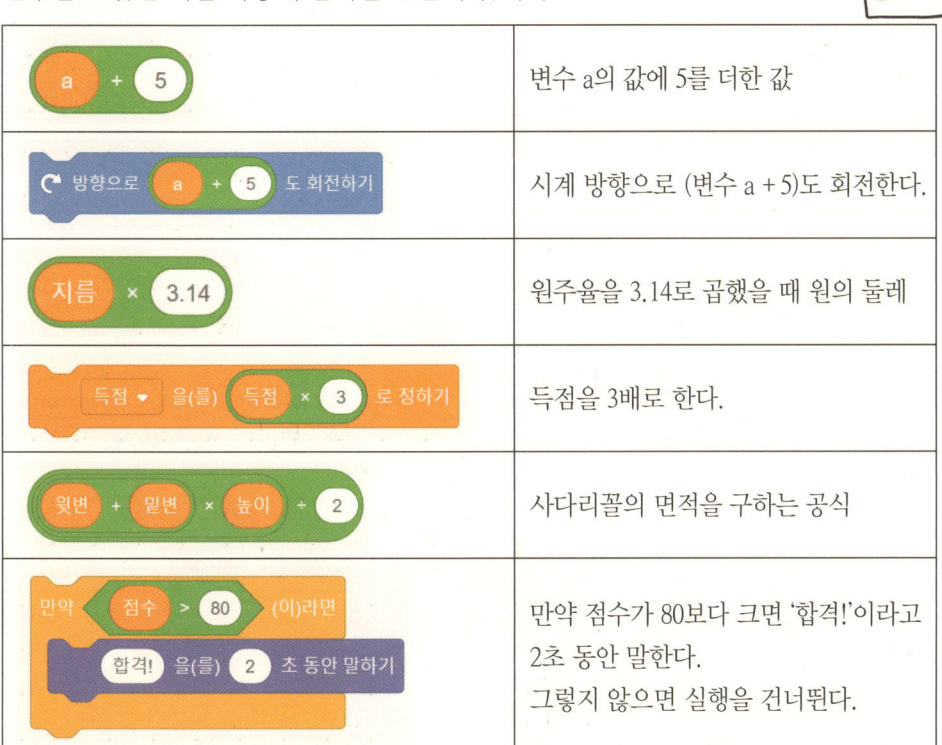

논리식

프로그램에서 복잡한 조건을 나타내는 방법을 소개합니다. 뒤에 나오는 '조건 분기'와 '반복'에서 이용됩니다.

 ## 논리 연산

논리 연산을 이용하면 단순히 값을 비교(41페이지)할 뿐만 아니라, 복수의 조건을 조합해 더욱 복잡한 조건을 나타낼 수 있습니다. 논리 연산의 결과는 조건이 성립한 경우 **'참(true)'**, 성립하지 않는 경우 **'거짓(false)'**이 됩니다.

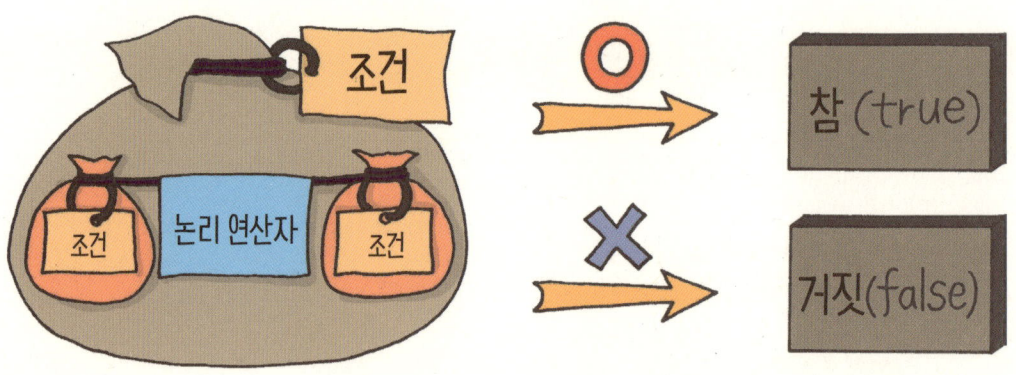

스크래치의 논리 연산에는 '그리고', '또는', '~가 아니다'의 세 가지가 있습니다. 조건 A, B가 있는 경우를 예로 들어 각 블록의 작용을 나타내면 다음과 같습니다(색칠 부분이 해당하는 부분입니다).

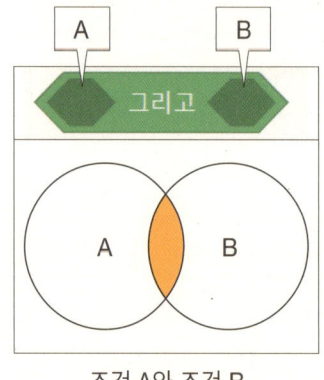

조건 A와 조건 B
양쪽을 만족한다.

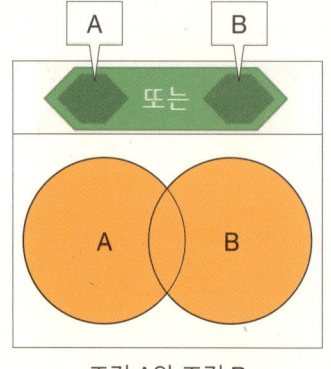

조건 A와 조건 B
어느 한 쪽을 만족한다.

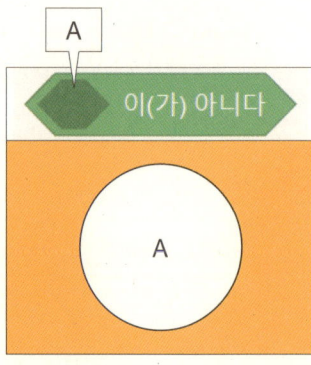

조건 A가 아니다.

예를 들어, 이벤트 참가 자격을 생각해 봅시다. 다음과 같은 제한이 있을 때 이 이벤트에 참가하기 위한 조건을 다이어그램으로 나타내면 다음과 같습니다.

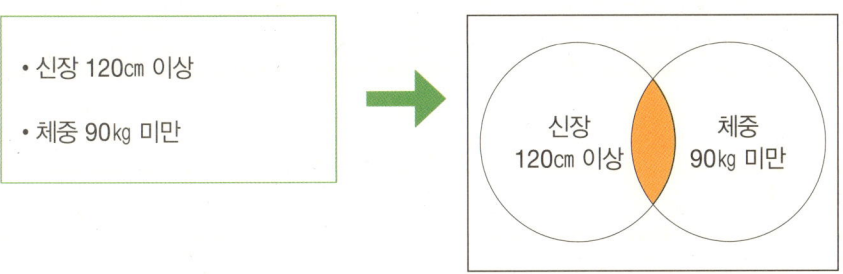

이를 연산 블록으로는 다음과 같이 나타낼 수 있습니다.

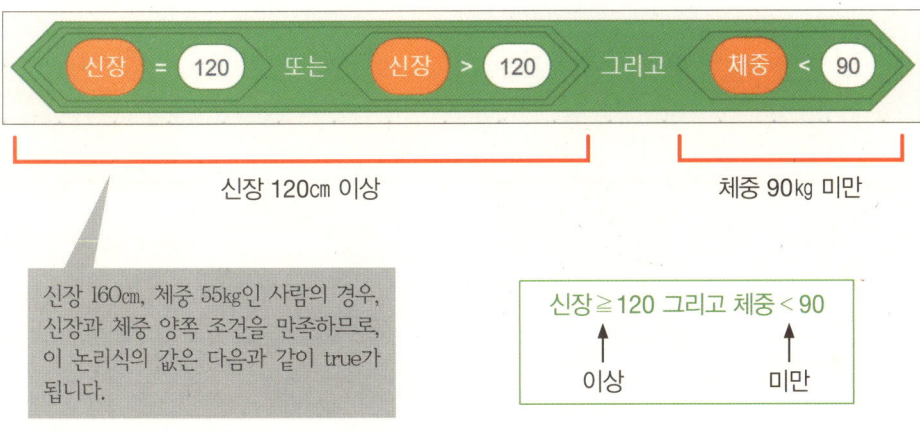

신장 160㎝, 체중 55kg인 사람의 경우, 신장과 체중 양쪽 조건을 만족하므로, 이 논리식의 값은 다음과 같이 true가 됩니다.

복잡해 보여도 블록을 하나하나 차분하게 살펴보면 이해할 수 있습니다.

조건 분기 (1)

복잡한 프로그램에서는 필요에 따라 처리의 흐름을 바꿔야만 할 때가 있습니다. 우선 가장 기본적인 조건 분기를 소개합니다.

프로그램의 분기(1)

조건에 따라 다른 처리를 할 수 있습니다.

조건에 따라 처리를 나누는 경우의 가장 기본적인 흐름은 다음과 같습니다. 조건에는 비교 연산자 등을 사용한 조건식을 지정합니다.

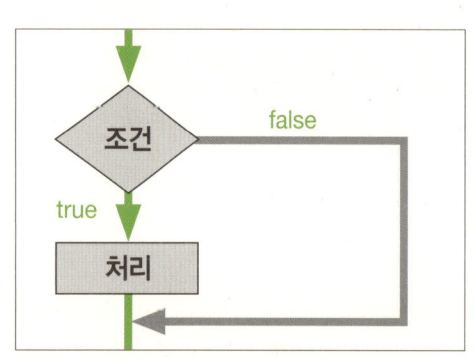

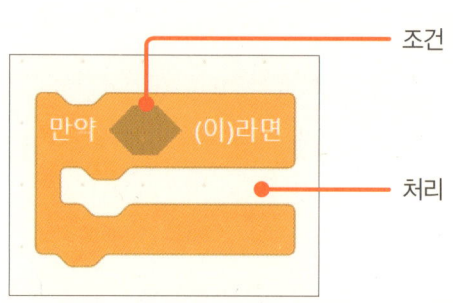

스크래치에서는 '제어' 카테고리에 있는 [만약 ◇(이)라면] 블록을 사용합니다.

조건이 성립할 때(true)는 처리를 합니다.
성립하지 않을 때(false)는 아무 것도 처리하지 않습니다.

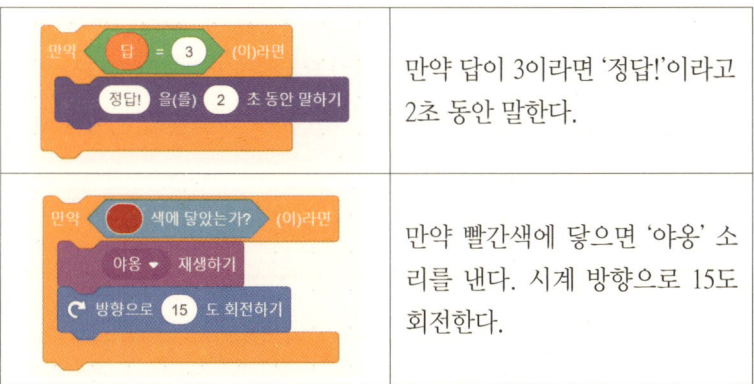	만약 답이 3이라면 '정답!'이라고 2초 동안 말한다.
	만약 빨간색에 닿으면 '야옹' 소리를 낸다. 시계 방향으로 15도 회전한다.

조건에 따라서 처리를 바꾼다고 조건분기라고 해요.

조건 분기(2)

조건이 성립하는 경우뿐만 아니라, 조건이 성립하지 않는 경우의 처리도 지정해 봅시다.

🔓 프로그램의 분기(2)

조건이 성립하는 경우와 성립하지 않는 경우로 처리를 다르게 하고 싶을 때는 다음과 같이 합니다.

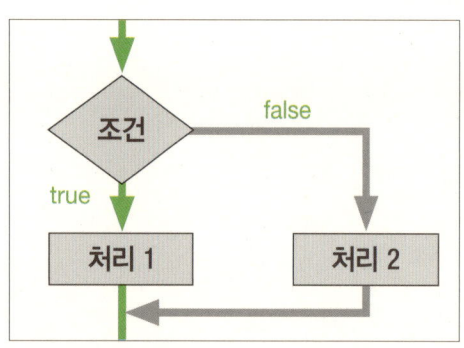

조건이 성립할 때는 처리 1을 성립하지 않을 때는 처리 2를 실행합니다.

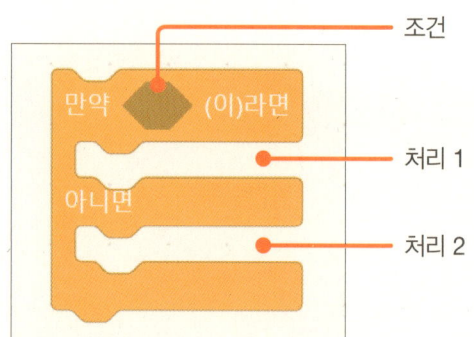

스크래치에서는 '제어' 카테고리의 [만약 ◯(이)라면 ~ 아니면 ~] 블록을 사용합니다.

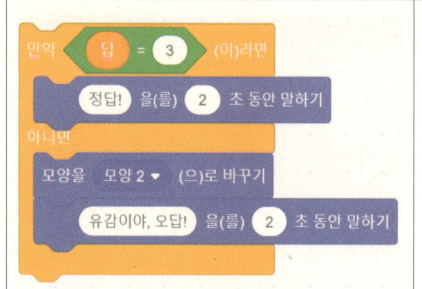

만약 답이 3이라면, '정답!'이라고 2초 동안 말한다.
답이 3이 아니면, 모양을 모양 2로 바꾼다.
'유감이야, 오답!'이라고 2초 동안 말한다.

정답이 3이 아닐 때는 '아니면' 이하의 블록을 실행합니다.

중첩된 분기

프로그램은 제어문의 처리 안에 다시 제어문을 넣어 분기시킬 수 있습니다. 이런 중첩 구조를 **네스트**(nest)라고 합니다.

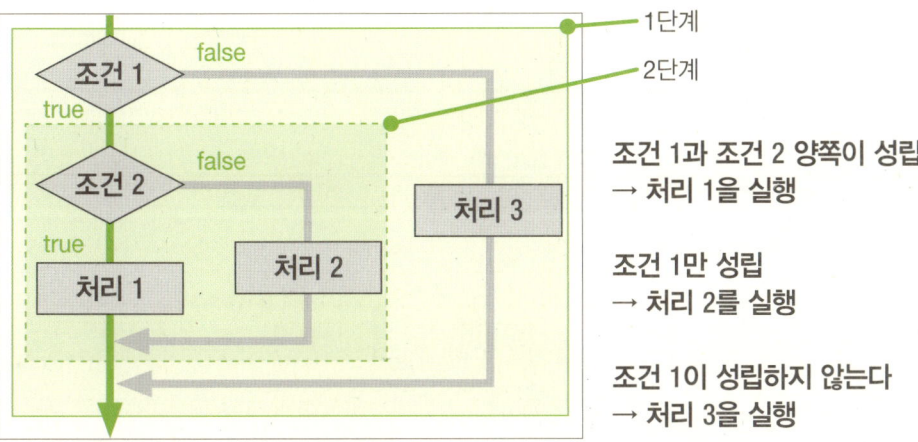

조건 1과 조건 2 양쪽이 성립
→ 처리 1을 실행

조건 1만 성립
→ 처리 2를 실행

조건 1이 성립하지 않는다
→ 처리 3을 실행

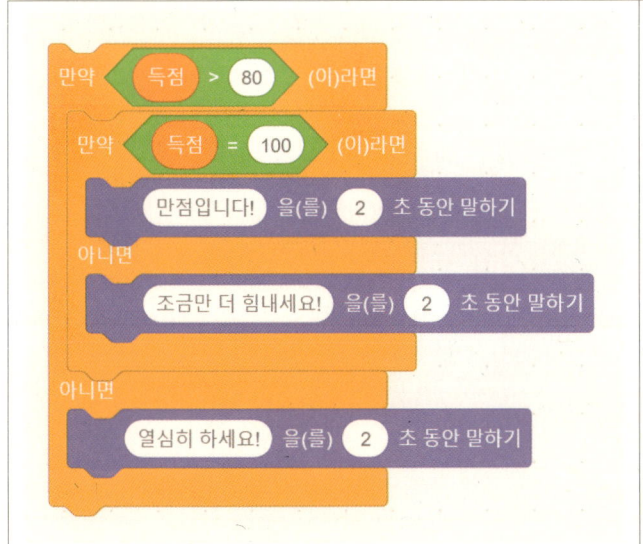

만약 득점이 80보다 큰 경우,
득점이 100이면 "만점입니다!"라고
2초 동안 말한다.
득점이 100이 아니면,
"조금만 더 힘내세요!"라고
2초 동안 말한다.
득점이 80이하라면
"열심히 하세요!"라고
2초 동안 말한다.

리스트

리스트를 사용하면 복수의 데이터를 모아서 다룰 수 있습니다.

리스트란

변수는 상자와 같은 것이지만, **리스트**는 이 변수 상자를 나열해 하나로 모은 것입니다. 하나하나의 상자에는 관리하기 쉽도록 번호가 붙어 있습니다.

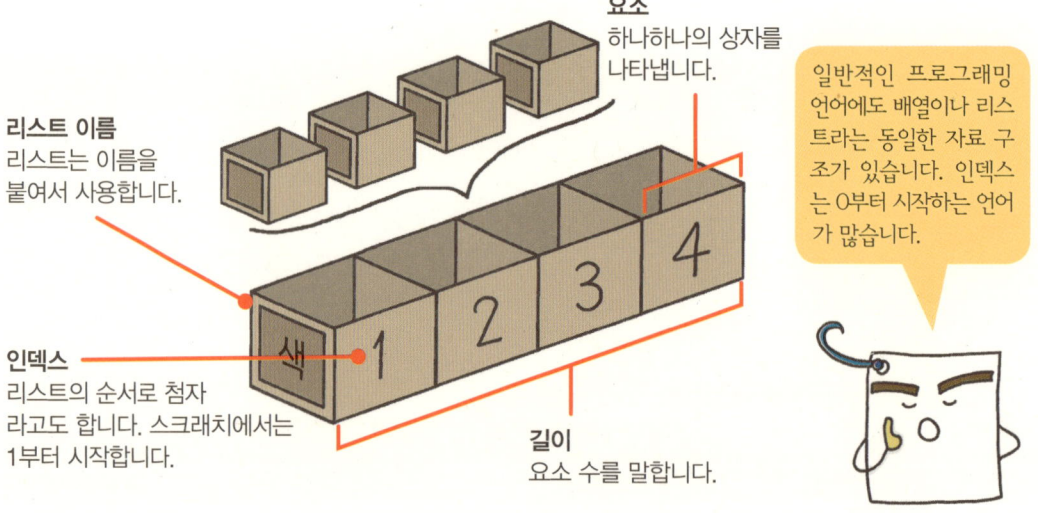

리스트에는 각각 다른 값을 넣을 수 있습니다. 변수에는 하나의 값만 들어가지만, 리스트를 사용하면 복수의 변수를 모아서 다룰 수 있으므로, 많은 데이터를 한 번에 처리할 수 있게 됩니다.

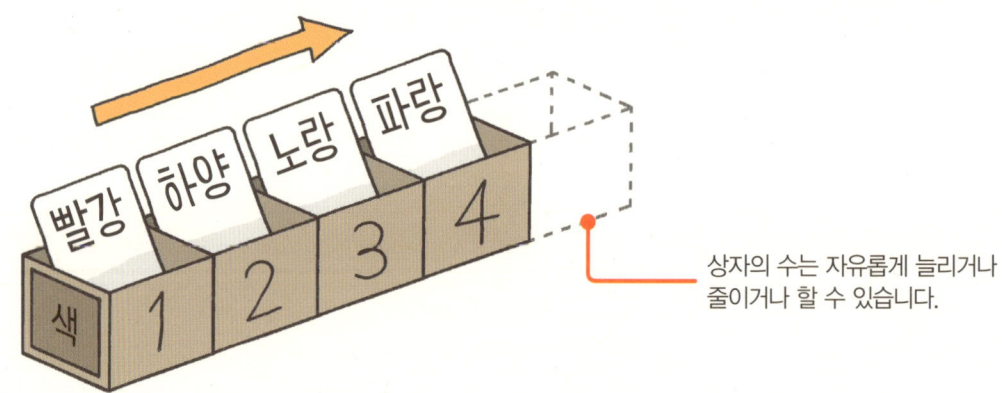

리스트 만들기

변수와 마찬가지로 리스트를 직접 만들어 보겠습니다.

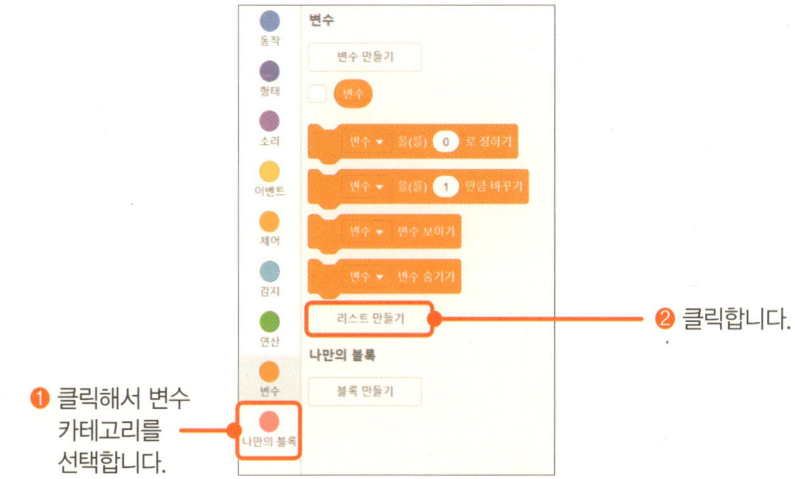

❶ 클릭해서 변수 카테고리를 선택합니다.

❷ 클릭합니다.

'새로운 리스트' 대화창이 열리면 다음과 같이 설정합니다.

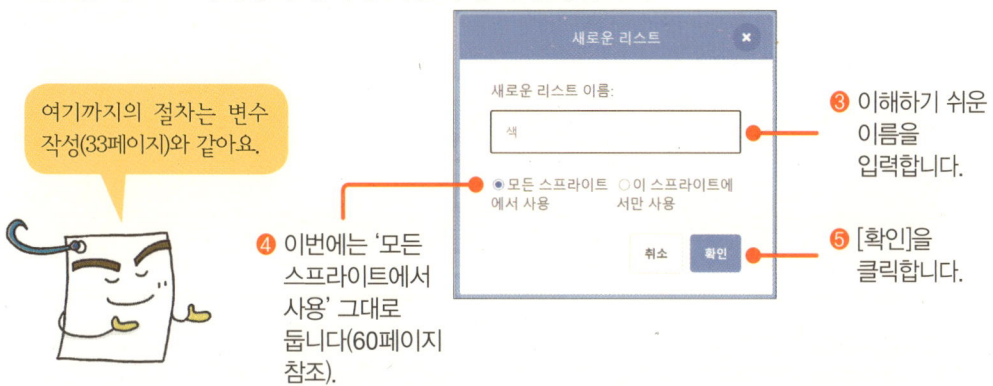

여기까지의 절차는 변수 작성(33페이지)와 같아요.

❸ 이해하기 쉬운 이름을 입력합니다.

❹ 이번에는 '모든 스프라이트에서 사용' 그대로 둡니다(60페이지 참조).

❺ [확인]을 클릭합니다.

리스트를 만들면, 무대에 리스트가 표시됩니다.

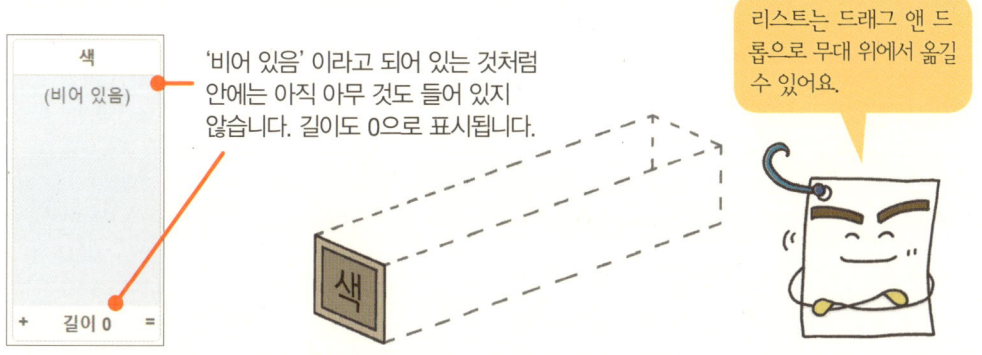

'비어 있음'이라고 되어 있는 것처럼 안에는 아직 아무 것도 들어 있지 않습니다. 길이도 0으로 표시됩니다.

리스트는 드래그 앤 드롭으로 무대 위에서 옮길 수 있어요.

리스트 다루기 (1)

블록 팔레트에 추가되는 블록을 확인했으면, 리스트에 값을 추가해 봅시다.

 리스트 블록

리스트를 만들면, 블록 팔레트에 다음과 같은 블록이 추가됩니다.

- 리스트 본체
- 리스트에 값을 추가합니다.
- 리스트에서 지정한 번호의 값을 삭제합니다.
- 리스트에서 모든 값을 삭제합니다.
- 리스트의 지정한 번호 위치에 값을 삽입합니다. 그 이후의 값은 하나씩 뒤로 밀려갑니다.
- 리스트에서 지정한 번호의 값을 다른 데이터로 치환합니다.
- 리스트에서 지정한 번호의 값을 참조합니다.
- 리스트에서 지정한 값이 몇 번째에 등장하는지 나타냅니다.
- 리스트에 값이 몇 개 들어 있는지 나타냅니다.
- 지정한 값이 리스트에 존재하는지 조사합니다.
- 무대 위의 리스트를 표시합니다.
- 무대 위의 리스트를 표시하지 않습니다.

값 추가하기

만들어진 직후의 리스트는 내용이 들어있지 않은 빈 상태입니다. 리스트에 값을 추가하려면, 다음 블록을 사용합니다.

'색' 부분은 작성한 리스트 이름에 따라 바뀝니다.

실제로 값을 넣어 봅시다.

❶ 블록을 스크립트 영역에 드래그 앤 드롭합니다.

❷ '빨강'이라고 입력합니다.

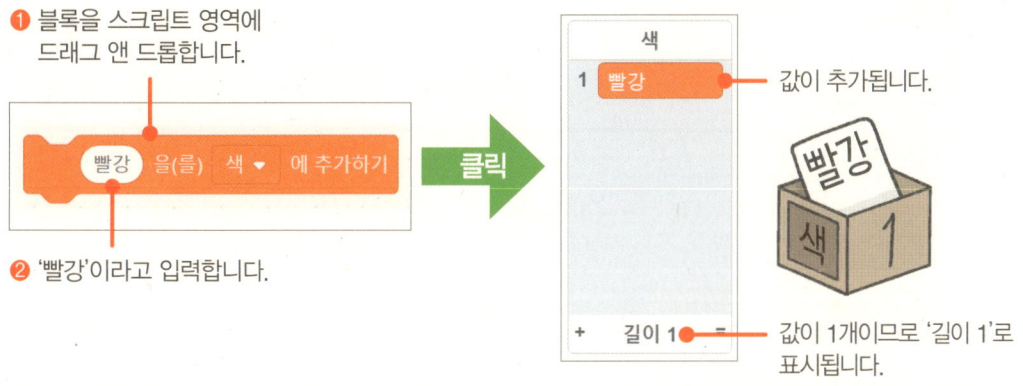

값이 추가됩니다.

값이 1개이므로 '길이 1'로 표시됩니다.

복수의 블록을 연결하면, 한 번에 복수의 값을 리스트에 추가할 수 있습니다.

❶ 필요한 수의 블록을 스크립트 영역으로 드래그 앤 드롭해서 연결합니다.

❷ 각각 '빨강' '하양' '노랑'이라고 입력합니다.

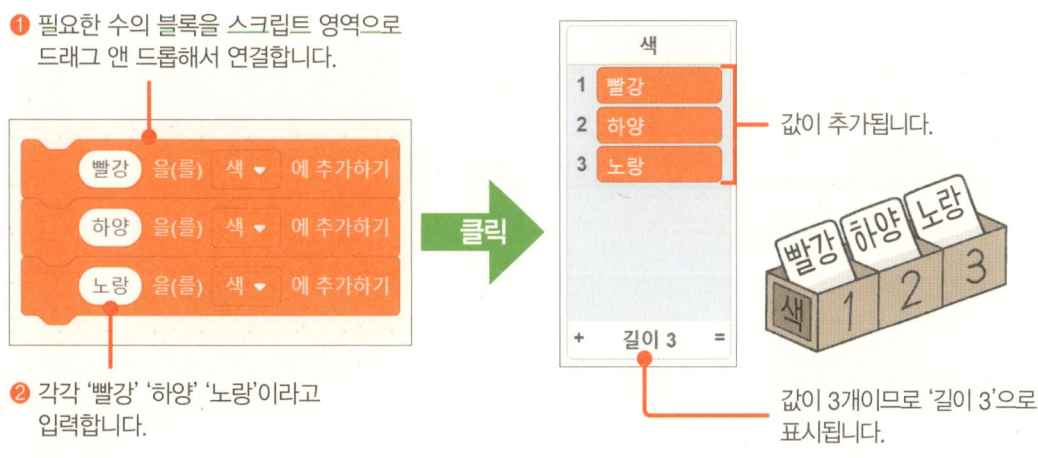

값이 추가됩니다.

값이 3개이므로 '길이 3'으로 표시됩니다.

리스트 다루기 (2)

값을 추가했으면 값을 참조하거나 삽입·치환하는 방법을 알아봅시다.

값 참조하기

리스트 안에 들어 있는 값을 다음 블록으로 조사할 수 있습니다.

≫ 지정한 번호의 값을 참조한다

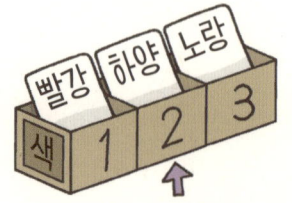

2번째는 '하양'

≫ 지정한 값이 몇 번째에 등장하는가

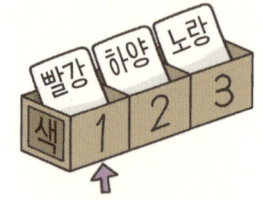

빨강은 '1'번째

≫ 리스트에 값이 몇 개 들어 있는가

3개

≫ 리스트에 지정한 값이 존재하는가?

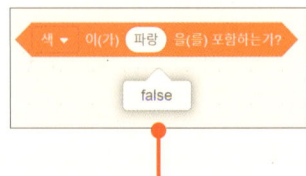
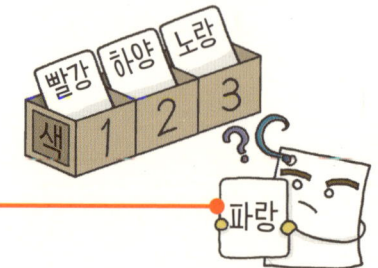

'파랑'은 포함되어 있지 않으므로 'false'가 됩니다.

순서대로 찾아 보니 없네.

값 삽입하기

리스트에 새로운 값을 삽입하려면 다음 블록을 사용합니다.

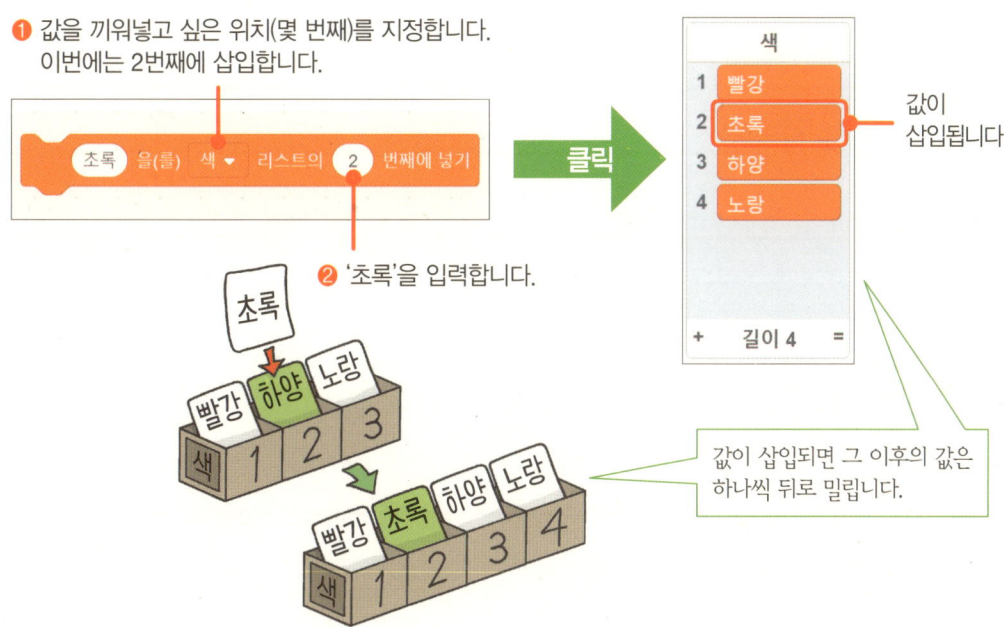

 ## 값 바꾸기

이미 들어 있는 값을 다른 값으로 바꾸려면, 다음 블록을 사용합니다.

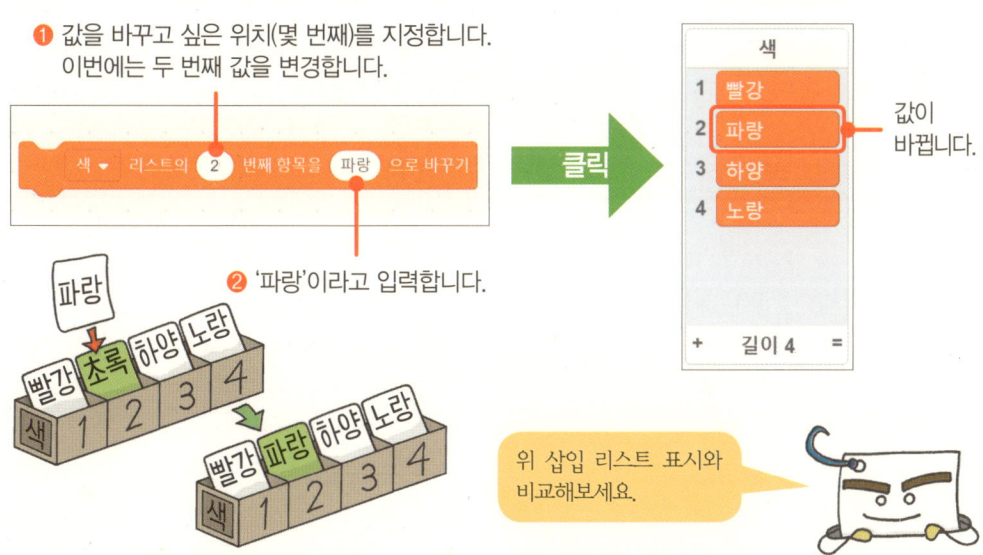

리스트 다루기 (3)

리스트의 값을 삭제할 수도 있습니다. 또한, 무대에 표시된 목록에서 직접 값을 편집하는 방법도 살펴봅시다.

 ## 값 삭제하기

리스트의 값을 삭제할 수도 있습니다. 또한, 무대에 표시된 목록에서 직접 값을 편집하는 방법도 살펴봅시다.

≫ 특정 값을 삭제한다

리스트의 특정 값을 삭제하려면 다음 블록을 사용합니다.

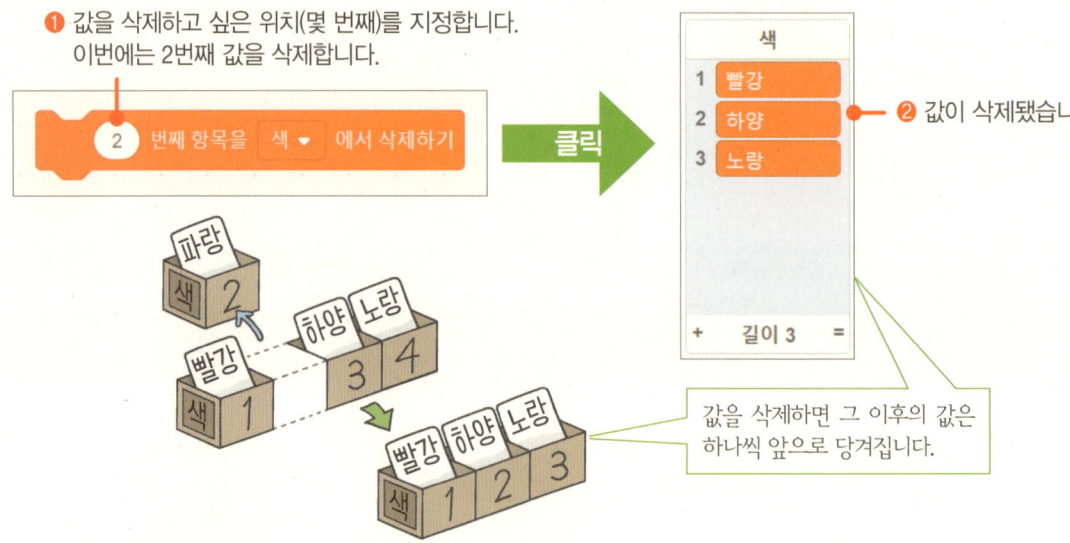

❶ 값을 삭제하고 싶은 위치(몇 번째)를 지정합니다. 이번에는 2번째 값을 삭제합니다.

❷ 값이 삭제됐습니다.

값을 삭제하면 그 이후의 값은 하나씩 앞으로 당겨집니다.

≫ 모든 값을 삭제한다

모든 값을 한꺼번에 삭제하려면, 다음 블록을 이용합니다.

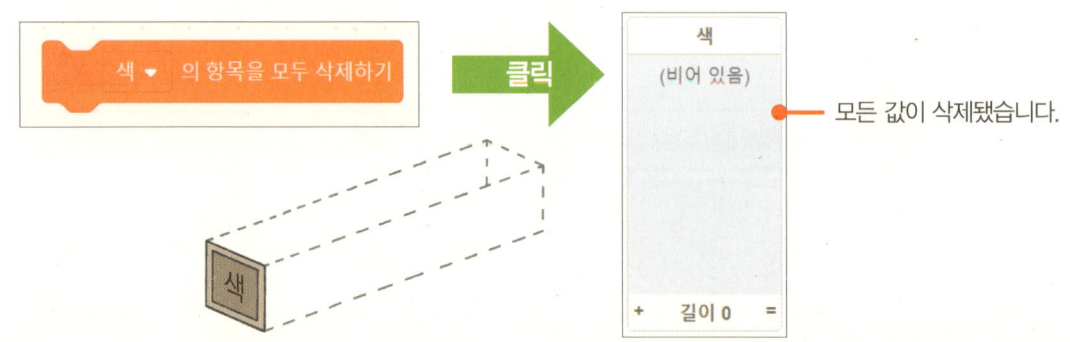

모든 값이 삭제됐습니다.

값 직접 조작하기

무대 위의 리스트 표시를 이용해 직접 값을 편집할 수도 있습니다.

≫ 값을 추가한다

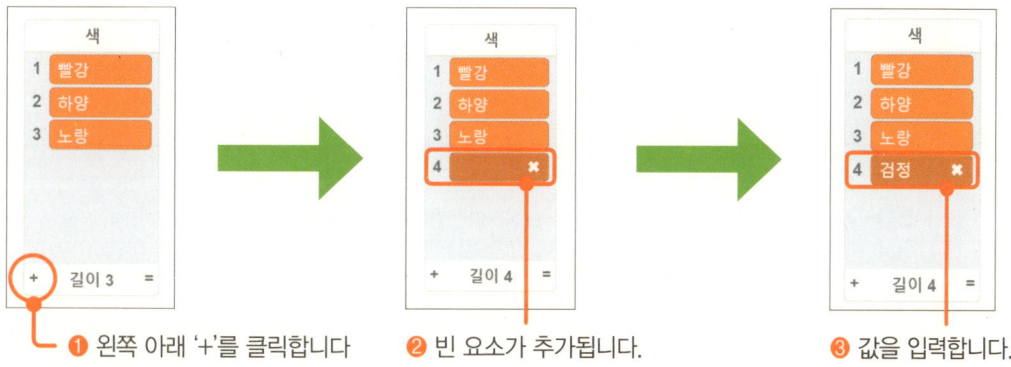

❶ 왼쪽 아래 '+'를 클릭합니다.   ❷ 빈 요소가 추가됩니다.   ❸ 값을 입력합니다.

≫ 값을 삽입한다

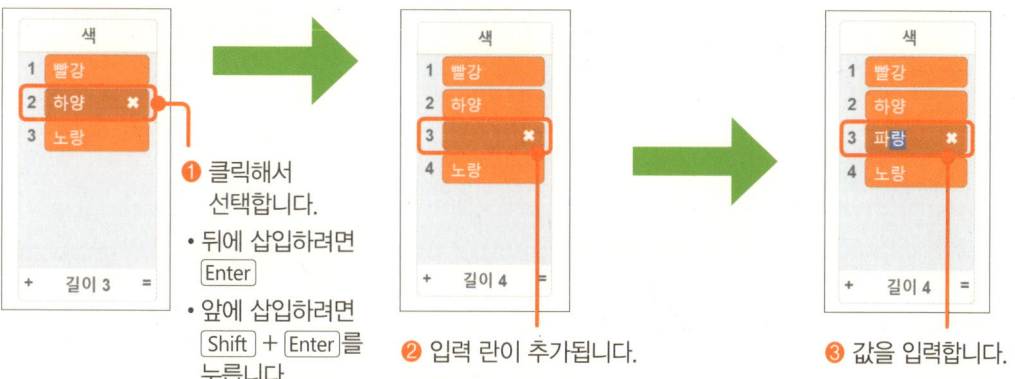

❶ 클릭해서 선택합니다.
• 뒤에 삽입하려면 Enter
• 앞에 삽입하려면 Shift + Enter 를 누릅니다.

❷ 입력 란이 추가됩니다.   ❸ 값을 입력합니다.

≫ 값을 삭제한다

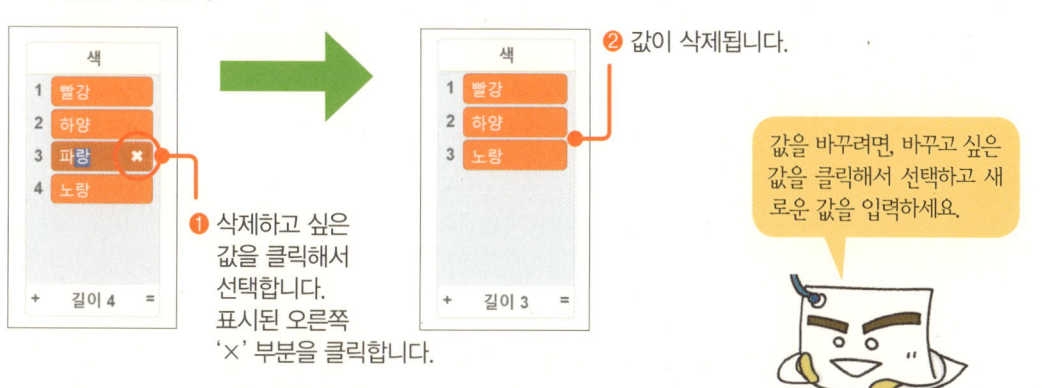

❶ 삭제하고 싶은 값을 클릭해서 선택합니다. 표시된 오른쪽 'x' 부분을 클릭합니다.

❷ 값이 삭제됩니다.

값을 바꾸려면, 바꾸고 싶은 값을 클릭해서 선택하고 새로운 값을 입력하세요.

문자열 편집

문자열이란 문자를 나열한 것입니다. 스크래치에서 문자열을 가공하거나 조사하는 방법을 소개합니다.

문자열 연결하기

두 값을 문자열로 연결해 새로운 문자열을 만들 수 있습니다.

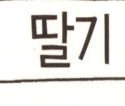 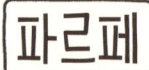

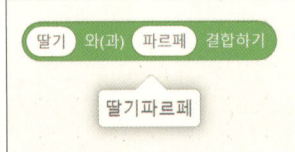

값으로는 변숫값 블록을 넣을 수도 있습니다.

문자 참조하기

문자열에서 지정된 위치의 문자를 가져올 수 있습니다. 리스트 구조와 비슷합니다.

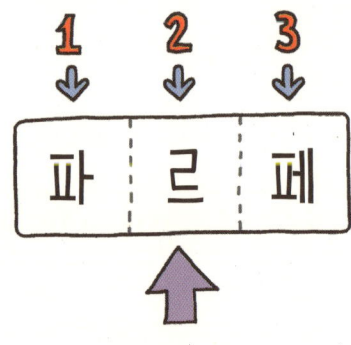

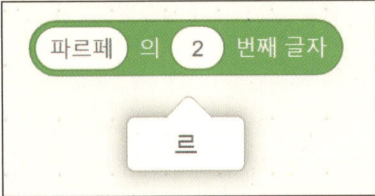

2번째 글자는 '르'

문자열의 길이

문자열이 몇 글자인지 조사할 수 있습니다.

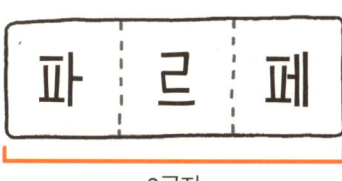 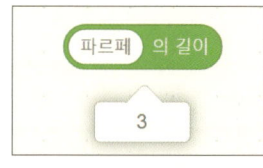

3글자

 ## 문자열이 포함됐는지 조사한다

지정한 문자열에 특정 문자열이 포함됐는지 조사할 수 있습니다. 포함됐으면 true를, 포함되지 않았으면 false가 표시됩니다.

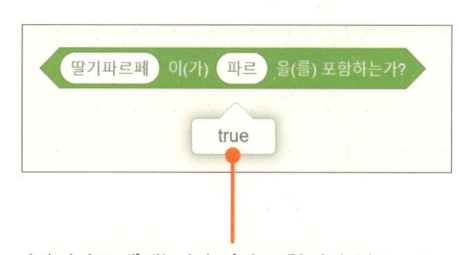

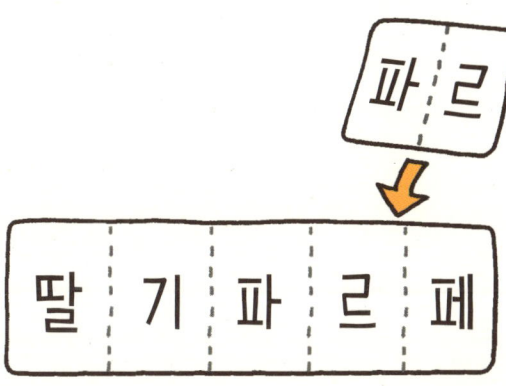

'딸기파르페'에는 '파르'가 포함되어 있으므로 true가 됩니다.

알파벳 대문자와 소문자는 구별하지 않아요.

수학 연산

초보 수준의 계산은 '연산' 항목에서 학습한 방법으로 충분하지만, 어려운 수준의 계산을 하고 싶을 때는 어떻게 하면 좋을까요?

수학 연산

스크래치에서는 수학 연산도 할 수 있습니다. [○의 ○] 블록으로는 여기서 소개하지 않은 어려운 연산도 여러 가지 할 수 있습니다. 체크해 보면 좋겠지요.

블록	기능

절댓값 ▼
✓ 절댓값
버림
올림
제곱근
sin
cos
tan
asin
acos
atan
	절댓값 … 수직선상에서 기준이 되는 0부터 얼마나 떨어져 있는지 나타낸다. 실수의 부호를 제거한 것이다.
	
	절댓값 ▼ (5) 절댓값 ▼ (-5)
	    5 5
	
	버림 … 지정한 수의 소수점 이하를 버려서 정수로 만든다.
	
	버림 ▼ (1.23) 버림 ▼ (-1.23)
	    1 -2
	
	올림 … 지정한 수의 소수점 이하를 올려서 정수로 만든다.
	
	올림 ▼ (1.23) 올림 ▼ (-1.23)
	    2 -1
	
	제곱근 : 제곱했을 때 지정한 수가 되는 수치
	
	제곱근 ▼ (9)
	    3 ← 제곱근에는 양과 음이 있지만 양의 제곱근만 표시됩니다.

○ 의 반올림	반올림(소수점 아래가 0.5 이상이면 올리고 미만이면 버린다.) (4.5) 의 반올림 5

>> 난수

난수란 규칙성이 없는 숫자를 말합니다. 스크래치에서는 블록에 지정된 숫자 범위에서 임의의 수를 만듭니다.

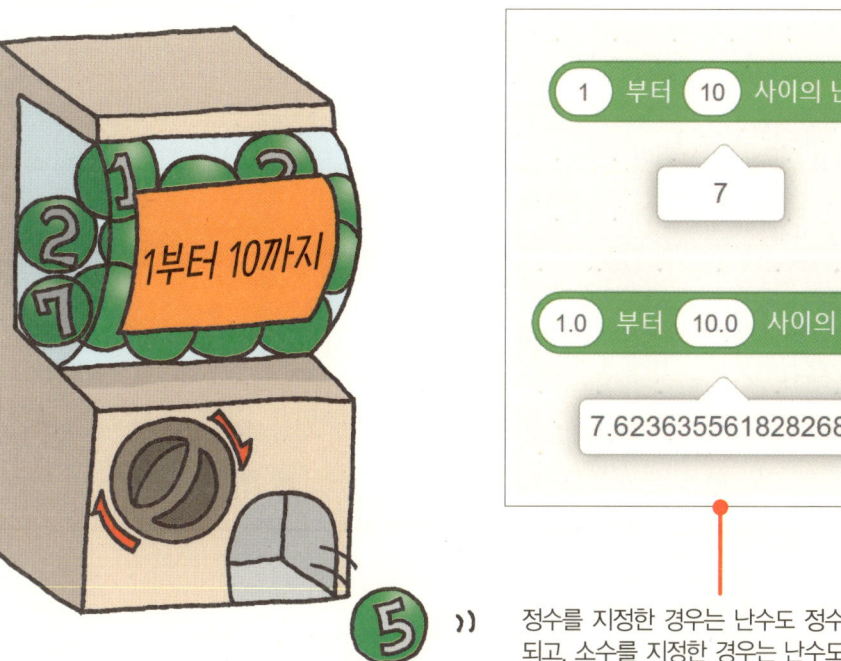

정수를 지정한 경우는 난수도 정수로 생성되고, 소수를 지정한 경우는 난수도 소수로 생성됩니다.

난수는 게임을 만들 때 꼭 필요하지요.

주사위를 던지면 1~6 사이의 수가 나옵니다.

COLUMN
변수의 유효 범위

　[변수 만들기] 버튼을 클릭하면, '새로운 변수' 대화창이 열립니다(33페이지). 이때 대화창 아래를 보면 '모든 스프라이트에서 사용'과 '이 스프라이트에서만 사용'이라는 체크박스가 있었습니다. 이 체크박스는 새로 만들 변수의 이용 범위를 결정하는 것입니다. '모든 스프라이트에서 사용'을 선택하면 프로젝트 전체, 즉 모든 스프라이트에서 이용할 수 있는 변수가 됩니다. '이 스프라이트에서만 사용'을 선택하면 지정한 스프라이트에서만 이용할 수 있고, 다른 스프라이트에서는 이용할 수 없습니다.

　스프라이트가 하나밖에 없으면 아무거나 선택해도 문제 될 것이 없지만, 복수의 스프라이트에서 같은 변수를 사용하고 싶을 때는 꼭 '모든 스프라이트에서 사용'으로 해둘 필요가 있습니다. 스프라이트마다 변수를 구분해서 사용하고 싶을 때, 특히 복제를 많이 했는데 각각 다른 변수를 사용하고 싶은 경우 등은 '이 스프라이트에서만 사용'으로 하면, 변수가 서로 간섭하는 것을 피할 수 있어 안전합니다.

　변수를 사용할 수 있는 범위가 정해져 있는 것은 일반 프로그래밍 언어에서도 마찬가지입니다. 프로그램의 어디에서라도 이용할 수 있는 **글로벌(전역) 변수**와 정해진 범위에서만 이용할 수 있는 **로컬(지역) 변수**가 있고, 스크래치의 '모든 스프라이드에서 사용'으로 지정된 변수는 전자에 해당하고, 이 스프라이트에서만 사용'으로 지정된 변수는 후자에 해당합니다. 그리고 변수를 사용할 수 있는 범위를 '**변수의 유효 범위**'나 '**변수의 스코프**'라고 표현합니다.

4

제어

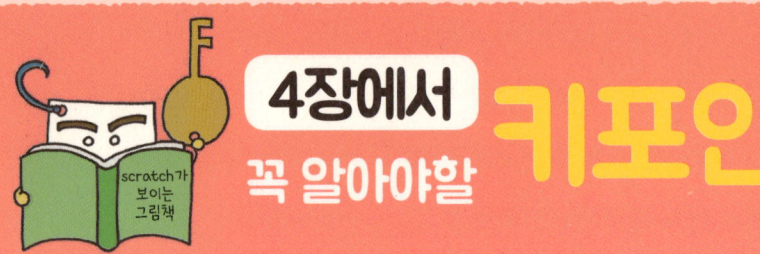 4장에서 꼭 알아야할 키포인트

 프로그램의 실행 순서를 다양하게 바꿔 보자

프로그램(스크래치에서는 스크립트라고 하지요)은 기본적으로 위에서부터 아래로 실행됩니다. 하지만 이러한 단순한 절차만으로는 모든 일을 할 순 없습니다. 프로그램은 흐름을 바꿈으로써 다양하고 복잡한 일을 처리할 수 있게 됩니다. 프로그램의 흐름을 바꾸는 방법으로 3장에서는 조건 분기라는 방법을 소개했습니다. 한편 같은 처리를 반복하고 싶다거나 연산 결과에 따라선 처리를 중지하고 싶을 때도 있을 것입니다. 4장에서는 그런 때 사용하는 **제어 블록**을 소개합니다.

우선은 **반복**입니다. 스크래치에서 같은 처리를 반복하기 위해서는 제어 카테고리에 있는 [○번 반복하기], [~까지 반복하기], [무한 반복하기] 블록 중 하나를 사용합니다.

같은 '반복하기' 블록이라도 몇 번 반복하는지, 언제까지 반복하는지 등 블록에 따라 기능이 완전히 달라집니다. 특히, '무한 반복하기' 블록은 바르게 사용하지 않으면, 예상치 못한 무한 루프(처리를 영원히 반복하는 것)가 되어 버리는 경우도 있습니다. 각 블록의 특성을 바르게 이해하고, 적절하게 골라 사용하세요.

일반적으로 프로그램은 모든 명령이 실행돼야 정지합니다. 바꿔 말하면, 모두 실행될 때까지 기본적으로 멈추지 않습니다. 그럼, 처리를 중지하고 싶을 때는 어떻게 하면 좋을까요? 물론 스크래치에는 사용자가 임의로 스크립트를 멈출 수 있는 빨간색 정지 버튼도 있지만, 프로그램 안에 정지하는 처리를 집어넣고 싶을 때 사용하는 블록도 준비되어 있습니다. 바로 기본 상태에서는 [멈추기 ▢]라고 표시된 블록입니다. 이것은 연결된 스크립트와 멈출 대상에 선택한 스크립트의 관계에 따라 블록의 형태가 바뀌는 조금 특별한 블록입니다. 학습 시에는 실제로 ▢의 선택지를 변경해서 실험해 봅시다.

끝으로 프로그램을 일시적으로 멈추는 방법도 소개합니다. 시간이나 조건을 지정해서 다음 처리의 실행을 일시 정지시킬 수 있습니다.

3장에 등장한 조건 분기와 이 장의 내용을 학습하고 나면, 프로그램의 흐름을 바꾸는 요령을 파악할 수 있을 것입니다. 원하는 대로 프로그램의 흐름을 바꾸거나 멈춰 봅시다.

반복하기 (1)

프로그램에서는 같은 처리를 반복하는 일이 자주 있습니다. 여러 가지 반복 방법이 있지만, 우선 반복 횟수가 정해진 경우를 살펴봅시다.

횟수를 정해서 반복하기

같은 처리를 정해진 횟수만큼 하고 싶을 때, 가장 단순한 방법은 처리 횟수만큼 블록을 끌어다 놓아 프로그램을 작성하는 것입니다. 하지만, 좀더 효율적인 방법이 준비되어 있습니다. 스크래치에서는 '제어' 카테고리의 [○번 반복하기] 블록을 사용합니다.

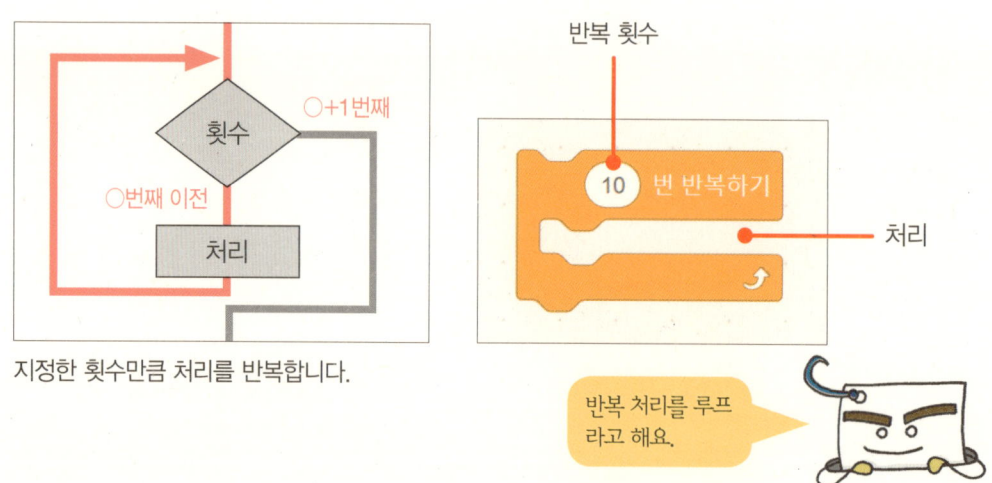

지정한 횟수만큼 처리를 반복합니다.

반복 처리를 루프라고 해요.

같은 처리가 연속되는 스크립트를 반복 블록을 이용해 다시 작성해 봅시다.

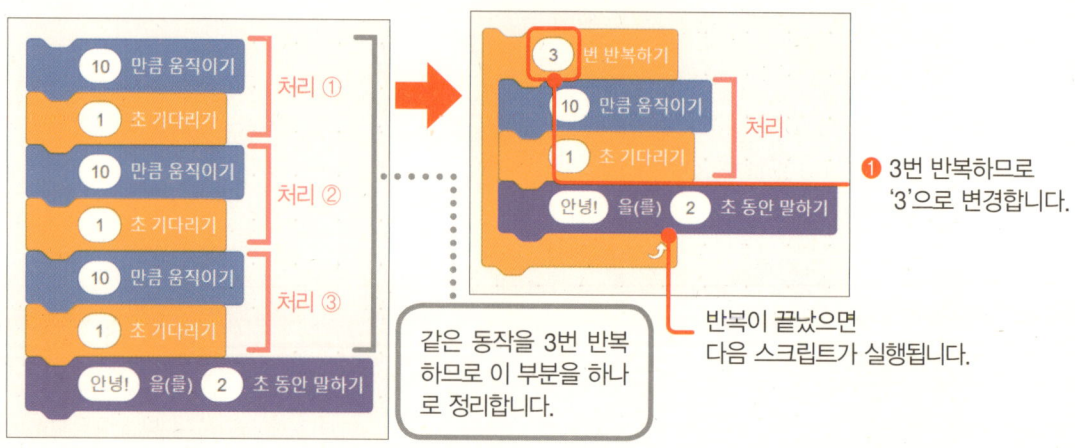

❶ 3번 반복하므로 '3'으로 변경합니다.

반복이 끝났으면 다음 스크립트가 실행됩니다.

같은 동작을 3번 반복하므로 이 부분을 하나로 정리합니다.

이중 루프

반복 처리(루프) 안에서 다시 반복 처리를 추가할 수도 있습니다. 이런 반복 구조를 이중 루프라고 합니다.

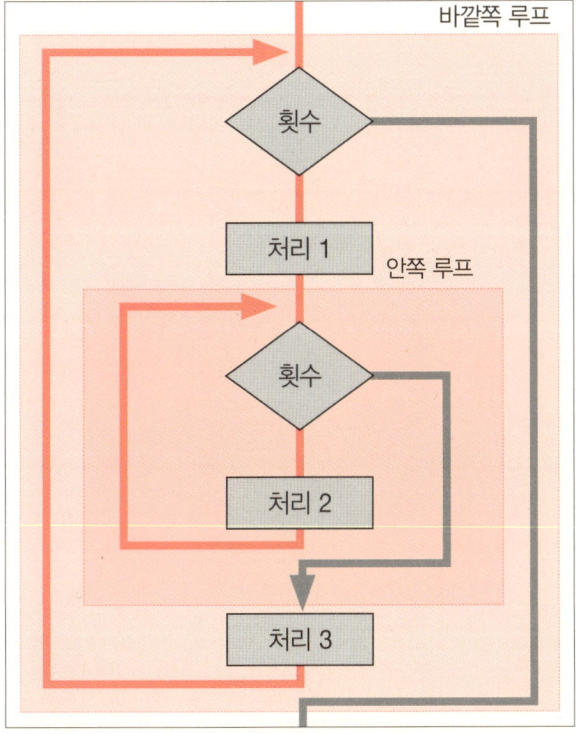

루프를 사용하니 스크립트가 간결해지네요.

예

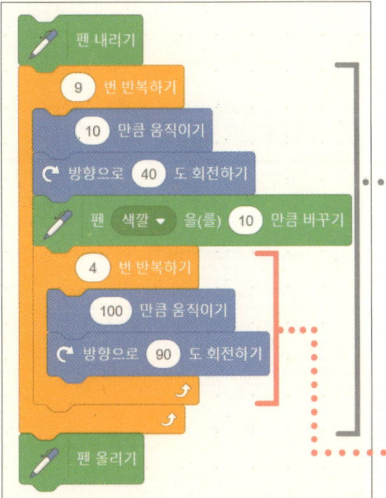

사각형을 40도씩 방향을 바꾸면서 그립니다. 한 바퀴만큼 그리고 싶으므로, 9번 반복합니다(360 ÷ 40 = 9).

길이 100인 직선 그리기를 90도씩 방향을 바꾸면서 4번 반복해 사각형을 그립니다.

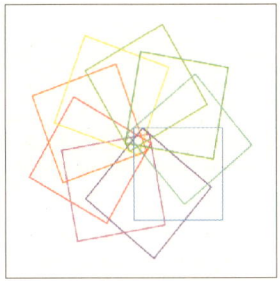

※ 오른쪽 그림에서 스프라이트는 옆으로 밀어뒀습니다.

※ 펜 기능은 에디터 왼쪽 아래에 있는 를 클릭해 추가할 수 있습니다.

반복하기 (2)

어떤 조건이 성립할 때까지 같은 처리를 반복 실행할 수 있습니다.

 ## 조건이 참이 될 때까지 반복하기

[◇까지 반복하기] 블록을 사용하면, 지정한 조건이 성립될(조건이 참이 될) 때까지, 루프 안의 처리를 반복 실행합니다.

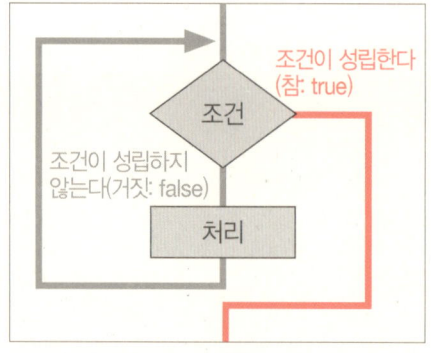

조건이 성립할 때는 처리를 실행하지 않습니다.

스크래치에서는 '제어' 카테고리의
[◇까지 반복하기] 블록을 사용합니다.

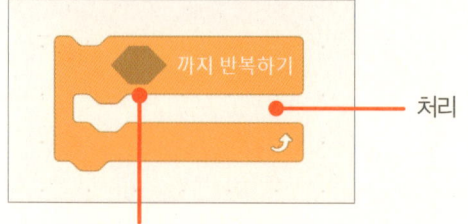

조건을 지정합니다.
조건에는 '감지'와 '연산'의 블록(육각형)을 사용합니다.

[감지] 블록

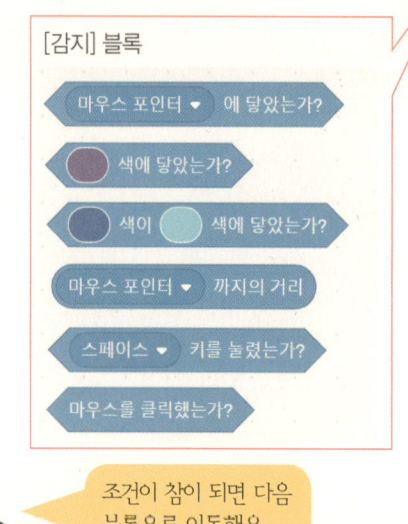

[연산] 블록

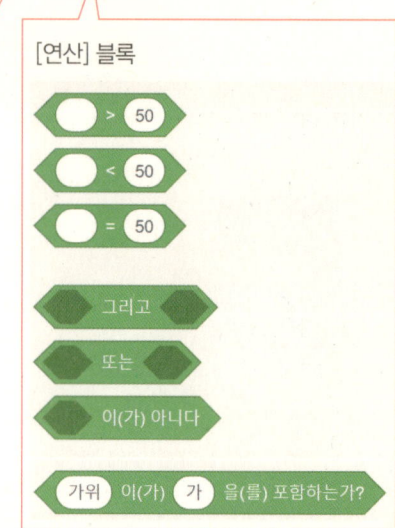

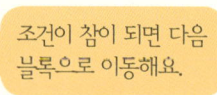
조건이 참이 되면 다음 블록으로 이동해요.

예

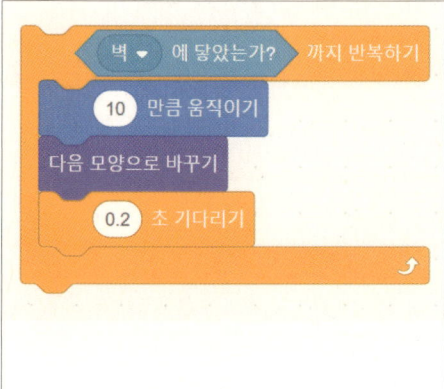

10걸음 이동한 후,
다음 모양으로 바꾸고
0.2초 기다리는 처리를
스프라이트가 벽에 닿을 때까지 반복한다.

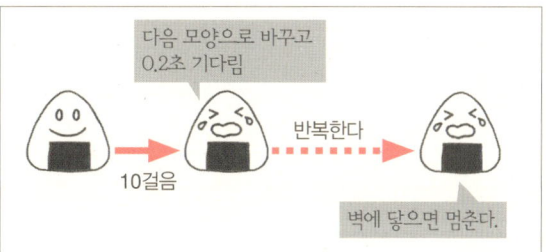

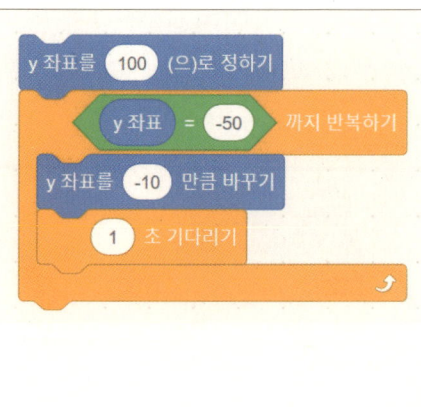

스프라이트의 y좌표를 100으로 한다.
y좌표를 -10 바꾸고 1초 기다리는 처리를
스프라이트 y좌표가
-50이 될 때까지 반복한다.

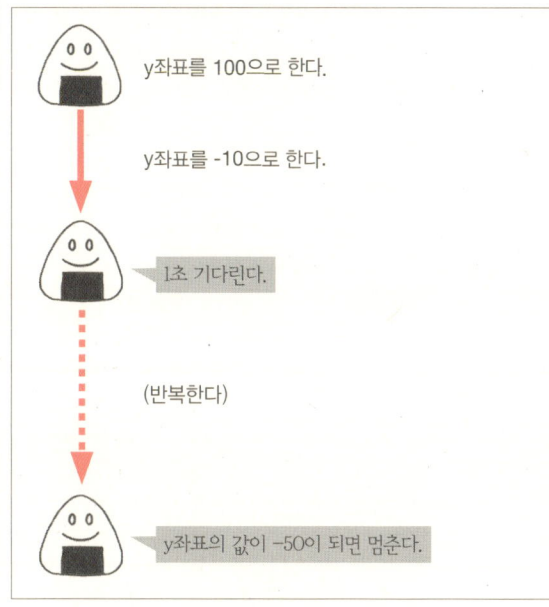

이 블록에서는 몇 번 실행될지는 조건이 성립하는 시점에 따라 변해요.

스크립트 멈추기

프로그램의 동작을 멈추는 방법을 소개합니다.

 ## 스크립트 멈추기 블록

스크립트 내의 블록은 기본적으로 위에서 아래로 실행되고 모두 실행되면 끝이 납니다. 스크래치에서는 프로그램이 종료되지 않도록 스크립트를 만들 수 있지만, 도중에 멈추고 싶을 때도 있습니다. 그래서 스크립트의 실행을 멈추는 블록이 준비되어 있습니다.

 ## [멈추기 ▢] 블록

스크립트의 동작을 멈추려면, [멈추기 ▢] 블록을 사용합니다. 이 블록은 멈출 대상으로 선택할 세 가지 선택지가 있고, 선택한 내용에 따라 블록의 모양이 달라집니다.

▶ 모두 멈추기
프로젝트의 모든 스크립트를 멈춥니다.

▶ 이 스크립트를 멈춘다
이 블록이 포함되는 스크립트만 멈춥니다.

▶ 스프라이트의 다른 스크립트를 멈춘다
같은 스프라이트 안에서 이 블록이 포함되지 않은 스크립트를 멈춥니다. 다른 스프라이트에는 영향을 주지 않습니다.

▶ 수동으로 멈춘다
실행 중인 스크립트를 수동으로 멈추고 싶을 때는 녹색 깃발 버튼 옆에 있는 빨간색 [스톱(●)] 버튼을 누릅니다.

반복하기 (3)

처리를 계속 반복하려면 어떻게 해야 좋을까요?

스크립트 멈추기

같은 처리를 횟수를 정하지 않은 채 계속 반복하고 싶을 때는 '무한 반복하기' 블록을 사용합니다.

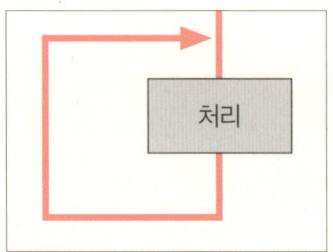
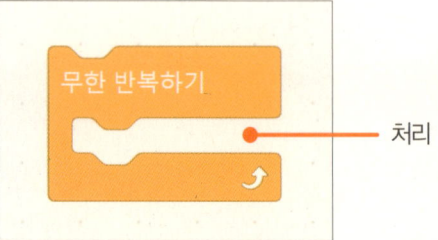

블록 안의 처리를 계속 실행합니다.

예

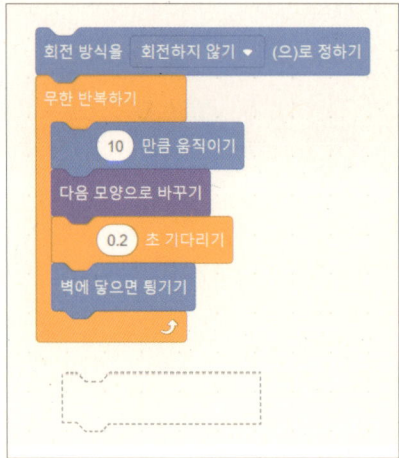

스프라이트를 10걸음 움직이고 다음 모양으로 바꾼 후 0.2초 기다리는(단, 벽에 닿으면 튕긴다) 처리를 계속 반복합니다.

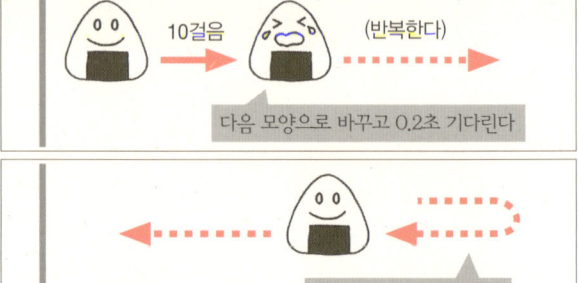

[무한 반복하기] 블록 아래로는 블록을 연결할 수 없으니 주의하세요.

67페이지 위의 예와 비교해 봅시다.
67페이지에서는 스프라이트가 벽에 닿으면 멈추지만, 이번 예에서는 스프라이트는 계속 움직입니다.

계속 반복하는 처리 멈추기

[무한 반복하기] 블록은 처리를 무한히 반복합니다. 처리를 종료하려면 [멈추기 [ ]] 블록(68페이지)을 스크립트에 넣거나 녹색 깃발 옆에 있는 빨간 [스톱] 버튼(69페이지)을 누릅니다.

예

스프라이트를 10걸음 움직이고 다음 모양으로 바꾼 후 0.2초를 기다리는(단, 벽에 닿으면 튕긴다) 처리를 계속 반복한다.
만약 스프라이트가 녹색에 닿으면 스크립트를 멈춘다.

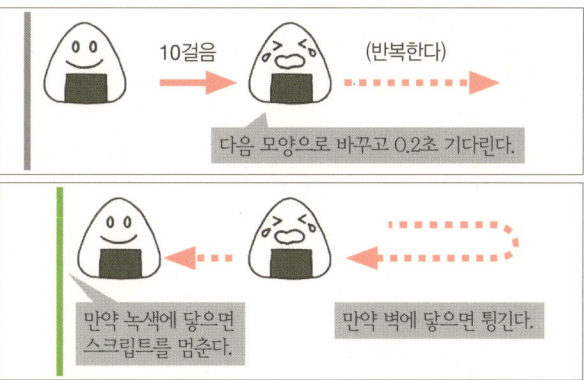

[무한 반복하기]는 '계속 비가 내린다' '계속 음악을 재생한다'처럼 기본적으로 멈추지 않는 처리에서 사용하는 블록입니다.

기다리기

시간과 조건을 지정해서 스크립트를 일시적으로 멈출 수 있습니다.

초 수를 지정해 스크립트 멈추기

[○초 기다리기] 블록을 사용하면, 지정한 초 수만큼 기다렸다가 다음 처리를 실행하게 할 수 있습니다.

프로젝트에 복수의 스크립트가 포함되어 있어도, 일시정지하는 것은 이 블록이 포함된 스크립트뿐입니다.

초 수를 입력합니다. 초 수에는 소수점도 사용할 수 있습니다.

예

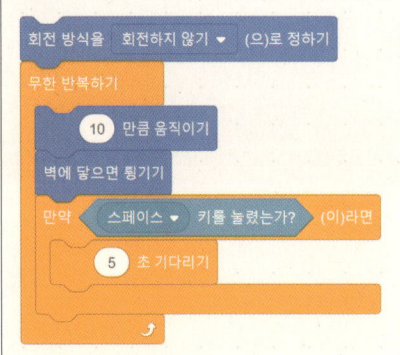

스프라이트를 10걸음 움직이고, 만약 벽에 닿으면 튕기는 처리를 계속 반복한다. 만약 스페이스키가 눌렸으면 5초 기다린다.

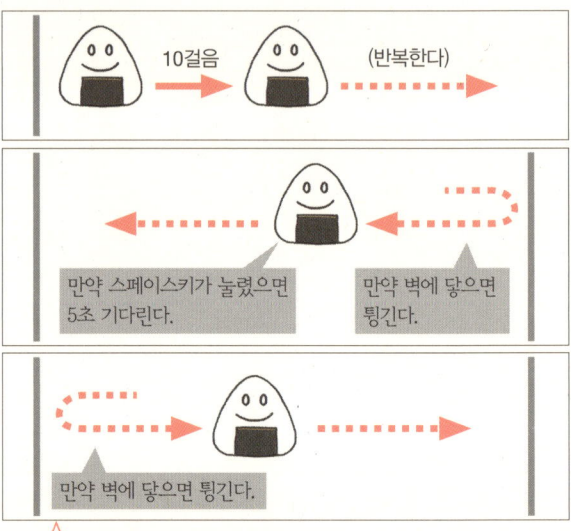

- 10걸음 (반복한다)
- 만약 스페이스키가 눌렸으면 5초 기다린다. / 만약 벽에 닿으면 튕긴다.
- 만약 벽에 닿으면 튕긴다.

5초간 스크립트가 멈추므로 그 동안 스프라이트의 움직임이 멈춥니다.

이미 여러 번 나왔지만, 기다리기는 스프라이트의 움직임을 느리게 하고 싶을 때도 자주 사용되는 블록이에요.

조건을 만족할 때까지 스크립트 멈추기

[◯까지 기다리기] 블록을 사용하면, 지정한 조건이 성립할 때까지 다음 처리의 실행이 멈춥니다.

조건을 지정합니다. 조건에는 '감지'와 '연산' 블록을 사용합니다(38페이지).

조건이 참이 되면 스크립트가 동작해요.

예

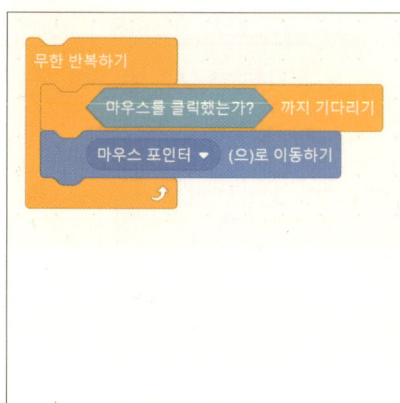

마우스를 누를 때까지 기다리고,
마우스가 눌렸으면
마우스 포인터 쪽으로 가는 처리를 계속 반복한다.

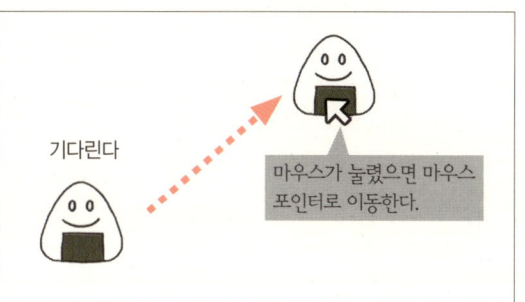

기다린다

마우스가 눌렸으면 마우스 포인터로 이동한다.

COLUMN
구조화 프로그래밍

　스크래치 블록 구성은 일반적인 프로그래밍 언어의 개념을 바탕으로 만들어졌는데, 제어문 블록에도 그런 점이 나타납니다. 여기서는 프로그래밍에서 일반적이 된 **구조화 프로그래밍**을 소개하겠습니다.

　구조화 프로그래밍이란 프로그램 구성을 '순차' '반복' '분기'라는 3가지 제어구조의 조합으로 나타내려는 사고방식입니다. 스크래치로 말하자면, '순차'는 블록을 직렬로 나열한 순차 실행을 나타냅니다. '반복'은 '○번 반복하기'와 '◯까지 반복하기' 블록을 사용한 반복, '분기'는 '만약 ◯(이)라면', '만약 ◯(이)라면… 아니면…'에 의한 조건 분기를 나타냅니다. 기본적으로 이 세 종류의 구조만 있으면 어떤 프로그램이든 만들 수 있습니다.

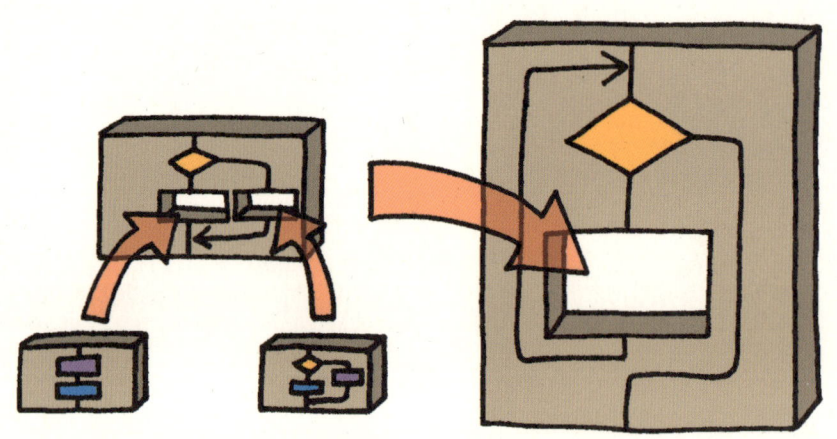

　구조화 프로그래밍의 장점은 처리의 흐름이 이쪽저쪽으로 가지 않아 보기 좋아지는 점입니다. 그렇다면 구조화되지 않은 프로그래밍이란 어떤 것인가 하면, 처리의 흐름을 임의의 장소로 점프하는 것을 허용하는 프로그램입니다. 점프를 허용해 버리면, 프로그램의 흐름을 매우 파악하기 어려워지므로, 원칙적으로 해서는 안 됩니다. 단, 현실적으로 프로그램을 만들다 보면, 점프 없이는 코드가 길어져 버리는 경우가 있어, 그런 때 한해서 점프 기능을 이용하기도 합니다. 스크래치에서는 6장에 등장하는 '메시지'를 사용해 점프와 같은 기능을 구현할 수 있지만, 메시지는 어디까지나 스프라이트 간의 연계에 사용하는 것이므로 그 이외의 용도로 사용하는 것은 피해야 합니다.

5

사용자 입력

5장에서 꼭 알아야 할 키포인트

 ## 사용자 입력에 반응한다

프로그램이 시작되려면 뭔가 시작 신호가 필요합니다. 프로그램에 따라서는 클릭이나 키 조작, 문자 입력 등 사용자의 입력이 필요한 것도 있습니다. 특히, 게임은 사용자가 조작하고, 그 조작에 프로그램이 반응하지 않으면 성립되지 않습니다. 이 장에서는 사용자 입력에 관해 학습합니다. 또 이와 관련해서 배경과 음량, 타이머 등 각종 정보를 얻는 방법도 살펴보겠습니다.

구체적으로는 이벤트 카테고리에 있는 '~ 때'라고 표시된 다섯 개의 블록을 예로 듭니다. 이벤트란 버튼 클릭, 키보드 눌림 등 프로그램 내부에서 일어나는 현상으로 처리의 신호가 되는 것입니다. 예를 들어, 엘리베이터를 탈 때 버튼을 눌러야 엘리베이터가 움직이지요. 이 '버튼이 눌린 것'이 이벤트입니다. 이 장에서 예를 드는 블록이 '~ 때'로 되어 있는 것은 그 때문입니다. 그 블록에서 지정한 동작을 시작 신호로 해서 뒤에 어떤 처리를 할지 나타냅니다. 엘리베이터라면 대체로 문을 닫는다 → 위로 움직인다/아래로 움직인다 → 가고 싶은 층으로 간다…. 이런 흐름이 되겠지요. 어떤 흐름인지 대략 상상할 수 있겠지요?

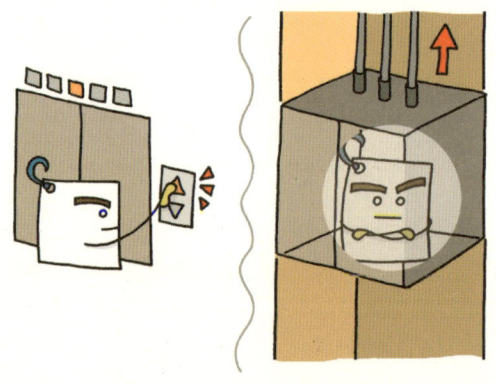

우선은 [녹색 깃발을 클릭했을 때] 블록입니다. 프로젝트 시작할 때에 사용되므로 가장 자주 등장하는 블록입니다. 구체적으로는 '녹색 깃발을 클릭했을 때 (고양이를) 10걸음 움직인다' '녹색 깃발을 클릭했을 때 안녕하고 말한다'처럼 사용합니다. 그럼, 녹색 깃발을 눌렀을 때 '고양이가 좌우로 움직이면서 야옹하고 운다'처럼 여러 가지 일을 동시에 하고 싶을 때는 어떻게 하면 좋을까요?

정답은 아주 간단해서, '고양이가 좌우로 움직인다' 스크립트와 '야옹하고 운다' 스크립트를 각각 다른 [녹색 깃발을 클릭했을 때] 블록에 연결합니다. 스크래치에서는 같은 이벤트를 처리의 시작으로 하는 스크립트는 동시에 실행되므로 이것으로 녹색 깃발을 누르면 고양이가 좌우로 움직이면서 야옹하고 울게 됩니다.

이처럼 복수의 처리를 동시에 하는 것을 **병렬 처리**라고 합니다. 반면에, '좌우로 움직이고 다음에 야옹하고 운다'처럼 하나씩 차례로 처리해가는 것을 **순차 처리**라고 합니다.

이어서 키 입력과 클릭, 사용자에 의한 문자 입력도 학습합시다.

이런 이벤트 블록을 사용한 스크립트를 실제로 만들고 사용자 조작에 반응하는 모습을 실험해 보면 재미있겠지요.

이벤트 카테고리에 포함된 **메시지**를 다루는 3종류의 블록에 관해서는 다음 6장을 참조하세요.

녹색 깃발

스크립트를 실행할 때 자주 사용되는 것이 녹색 깃발 버튼입니다. 병렬 처리에 관해서도 배워둡시다.

이벤트

마우스 클릭이나 키보드 누르기 등 프로그램에 뭔가를 시키는 사건이 되는 것을 이벤트라고 합니다.

녹색 깃발

스크래치에서 처리를 시작하는 신호로 자주 사용되는 것이 녹색 깃발입니다. 이 버튼을 클릭하면, [(녹색 깃발) 클릭했을 때] 블록에 이어지는 스크립트가 실행됩니다.

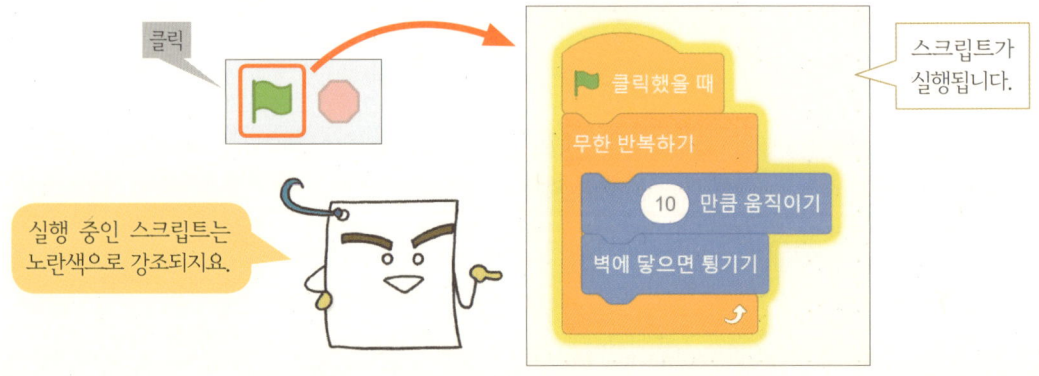

좌표 개념

복수의 처리를 동시에 하는 것을 **병렬 처리**라고 합니다. 반면에 프로그램의 순서에 따라 하나씩 처리해 가는 것을 **순차 처리**라고 합니다.

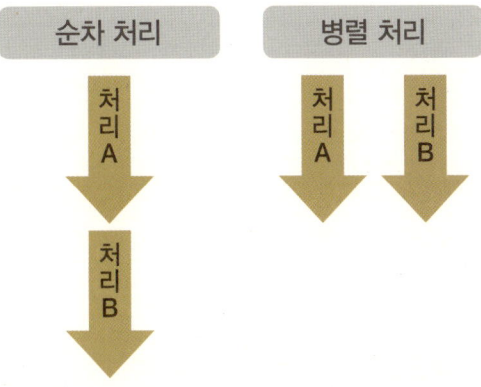

스크래치에서 병렬 처리를 하려면 같은 이벤트로 스크립트가 동시에 실행되게 합니다.

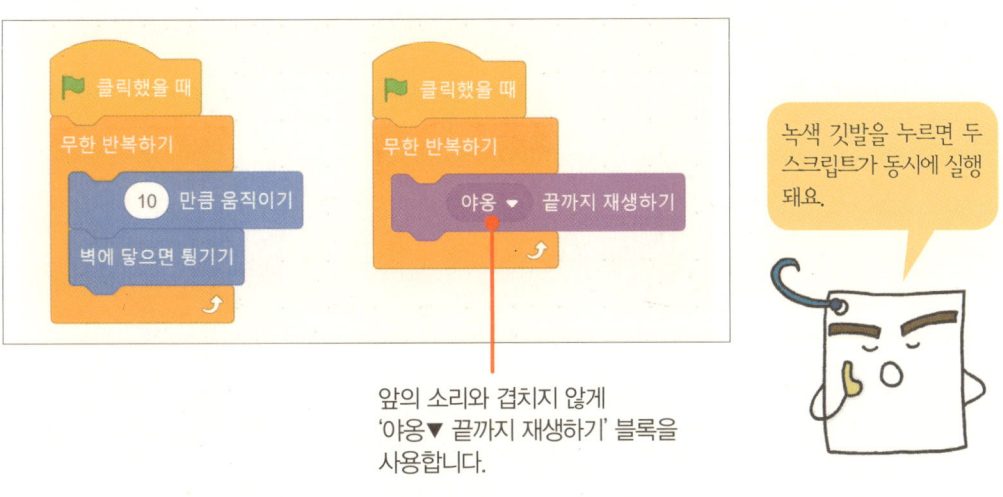

녹색 깃발을 누르면 두 스크립트가 동시에 실행돼요.

앞의 소리와 겹치지 않게 '야옹▼ 끝까지 재생하기' 블록을 사용합니다.

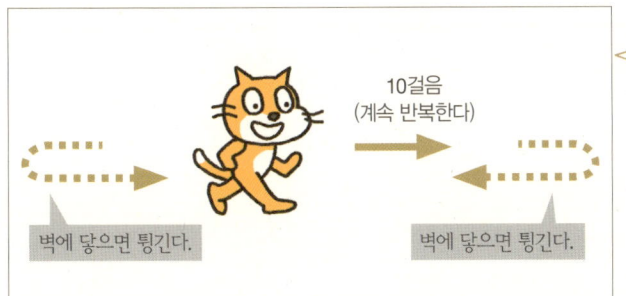

실행하면, 고양이가 좌우로 움직이면서 야옹하고 계속 웁니다.

입력에 반응한다

입력에 반응해서 처리를 실행하는 스크립트를 만들고 싶을 때는 다음과 같은 블록이 이용됩니다.

키 입력

어떤 키를 눌렀을 때 스크립트를 실행하고 싶을 때는 [☐키를 눌렀을 때] 블록을 사용합니다.

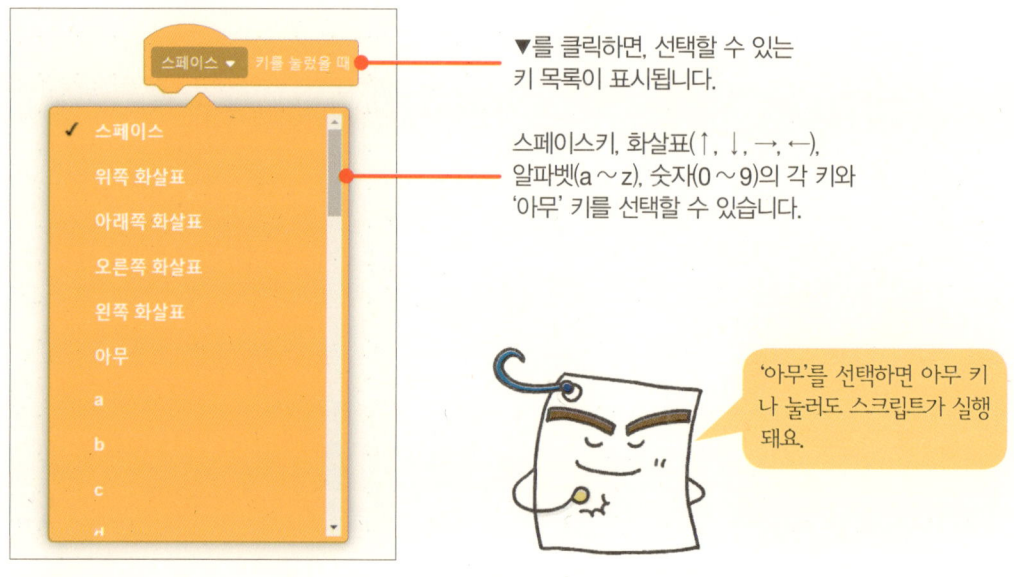

▼를 클릭하면, 선택할 수 있는 키 목록이 표시됩니다.

스페이스키, 화살표(↑, ↓, →, ←), 알파벳(a~z), 숫자(0~9)의 각 키와 '아무' 키를 선택할 수 있습니다.

'아무'를 선택하면 아무 키나 눌러도 스크립트가 실행돼요.

예

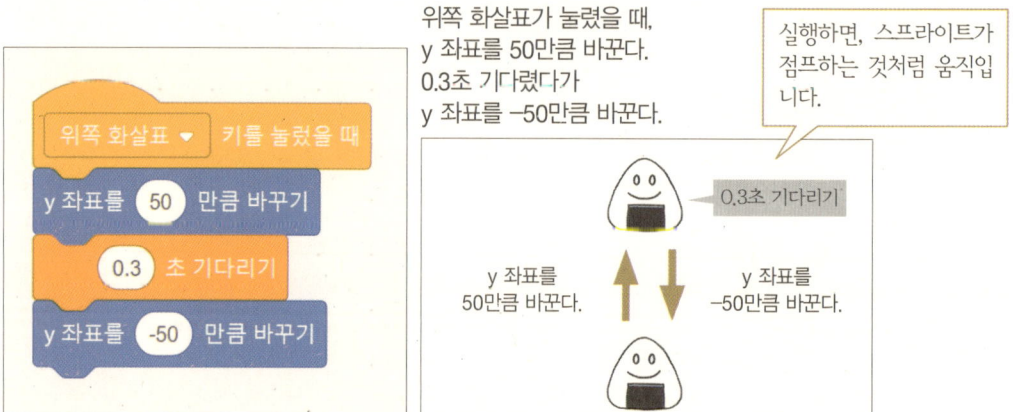

위쪽 화살표가 눌렸을 때, y 좌표를 50만큼 바꾼다. 0.3초 기다렸다가 y 좌표를 −50만큼 바꾼다.

실행하면, 스프라이트가 점프하는 것처럼 움직입니다.

좌표 개념

스프라이트가 마우스로 클릭됐을 때 스크립트를 실행하고 싶으면 [이 스프라이트를 클릭했을 때] 블록을 사용합니다.

이 스프라이트를 클릭했을 때

예

이 스프라이트를 클릭했을 때
크기를 10만큼 크게 하는 처리를 10번 반복한다.
그런 다음, 0.3초 기다렸다가
크기를 100%로 한다.

❶ 10만큼 크게 한다

❷ 0.3초 기다린다.

❸ 100%로 한다.

최종적으로 스프라이트는 원래 크기(=100%)로 돌아옵니다.

무대를 클릭했을 때

이 블록이 무대(27페이지) 스크립트에 사용될 때는 블록의 표기가 [무대를 클릭했을 때]로 바뀌지요.

# 문자 입력

사용자가 키보드로 입력한 문자를 이용할 수 있습니다.

사용자의 문자 입력

[⬚라고 묻고 기다리기] 블록은 ⬚ 안에 기술한 문장을 바탕으로 입력 상자를 표시합니다. 사용자가 입력 상자에 문자와 숫자를 입력하고, Enter 키를 누르거나 체크 기호를 클릭하면, 입력한 내용이 [대답] 블록에 들어갑니다.

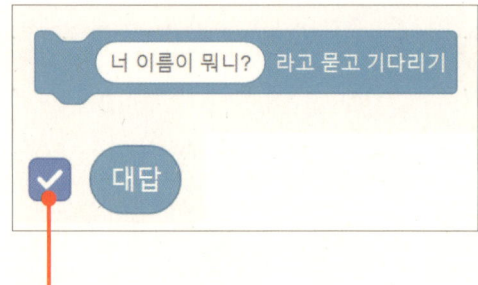

이 두 블록은 '감지' 카테고리에 있어요~

체크박스를 온/오프해,
'대답'의 내용을 무대 위에 표시할 것인지
지정할 수 있습니다.
체크박스에 표시가 된 경우는
아래 그림처럼 표시됩니다.

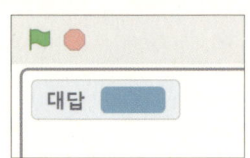

다음 페이지에서 이 블록들의 동작을 간단히 확인해 둡시다. [( )라고 묻고 기다리기] 블록은 1장(8페이지)에서도 소개했습니다. 또한, 실제 사용법은 이 장 끝에 소개한 예제(86페이지)를 참조하세요.

[◯라고 묻고 기다리기] 블록과 [대답] 블록을 스크립트 영역으로 드래그 앤 드롭합니다.

임의의 문장을 입력하고 블록을 클릭해 봅시다.

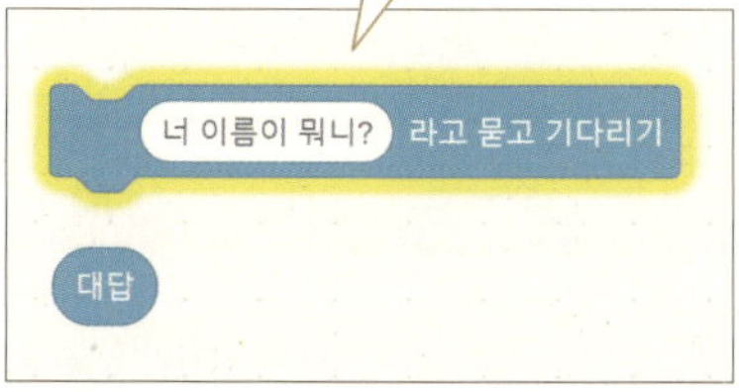

블록에 넣은 문자열이 말풍선으로 표시됩니다.

입력 상자가 표시됩니다. 이름을 입력하고 [Enter]키를 누르거나, 오른쪽 끝의 체크 기호를 클릭합니다.

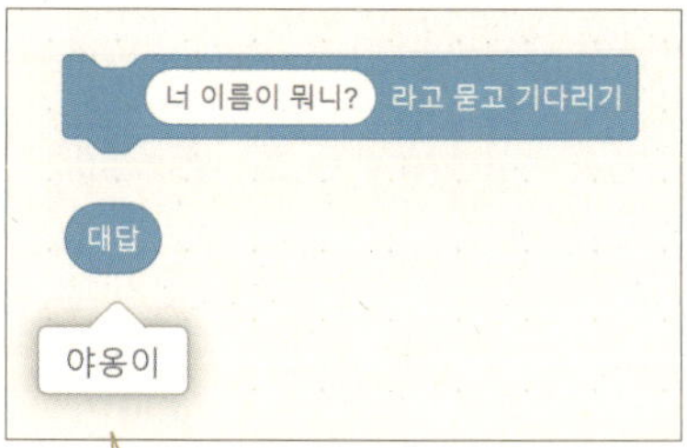

사용자가 입력한 내용은 [대답] 블록에 들어갑니다. 클릭하면, 그림과 같이 현재의 내용을 확인할 수 있습니다.

무대 위에 '대답'을 표시한 경우는 여기에서도 현재 값을 확인할 수 있습니다.

기타 정보 가져오기

지금까지 소개한 것 이외에도 프로그램 실행 중 바뀐 내용을 가져올 수 있는 정보가 있습니다.

배경이 바뀌었다

[배경이 ▢(으)로 바뀌었을 때] 블록은 지정한 배경이 됐을 때 다음에 이어진 스크립트를 실행합니다.

▼를 클릭하면, 프로젝트로 불러온 배경이 선택지에 표시됩니다.

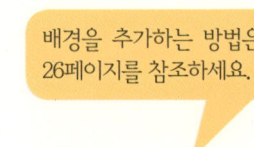

배경을 추가하는 방법은 26페이지를 참조하세요.

예

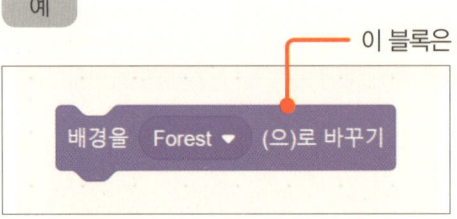

이 블록은 무대쪽에 배치합니다.

(무대쪽 지정)
배경을 'Forest'로 한다.

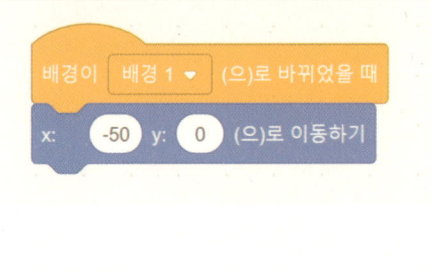

(스프라이트쪽 지정)
배경이 Forest가 됐을 때
스프라이트의 x 좌표를 −50, y 좌표를 0으로 한다.

x 좌표를 −50, y 좌표를 0으로 한다.

음량과 타이머

[▭ > ◯일 때] 블록은 음량이나 타이머가 지정한 수치보다 클 때, 아래에 이어진 스크립트를 실행합니다. 스크래치의 타이머는 어떤 시점에서의 경과 시간(단위는 초)을 나타냅니다. 자세한 것은 칼럼(88페이지)을 참조하세요.

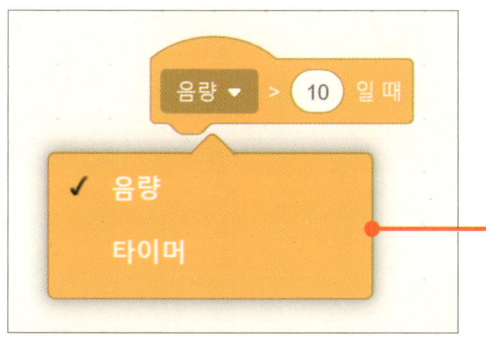

▼를 클릭해서 음량이나 타이머를 선택합니다.

예

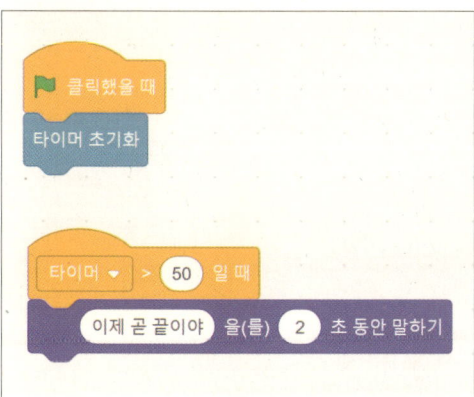

녹색 깃발을 클릭해서 타이머를 초기화한다.
타이머가 50보다 커졌을 때
"이제 곧 끝이야."라고 2초 간 말한다.

처음에 타이머를 초기화하는 것은 올바른 타이머 값을 얻기 위해서지요.

예제 프로그램

예제 코드 `chapter5_example_number_quiz86p.sb3`

지금까지 학습한 내용을 이용해 각 페이지의 '예'보다 좀 더 복잡한 스크립트를 작성해 봅시다.

● **숫자 맞추기 퀴즈를 만든다**

우선, 변수(변수명 '수')를 만듭니다. 다음으로 만든 변수를 사용해 오른쪽과 같은 스크립트를 조립합니다. 답은 난수(59페이지)로 생성합니다. '맞췄을 때' '수가 답보다 작을 때' '수가 답보다 클 때'로 상황을 나눠, 고양이의 대사를 변경합니다.

스크립트

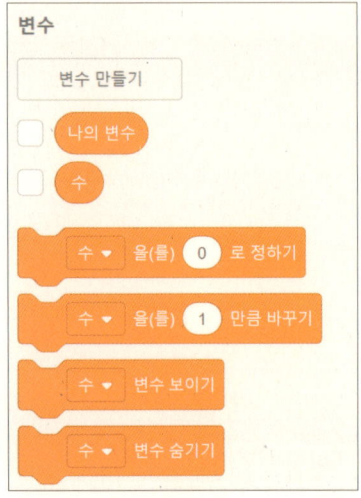

'수'라는 변수를 만들어, 스크립트에서 이용합니다(오른쪽).

틀린 경우에도 답보다 작은지 큰지에 따라 대사가 달라져요.

실행 결과

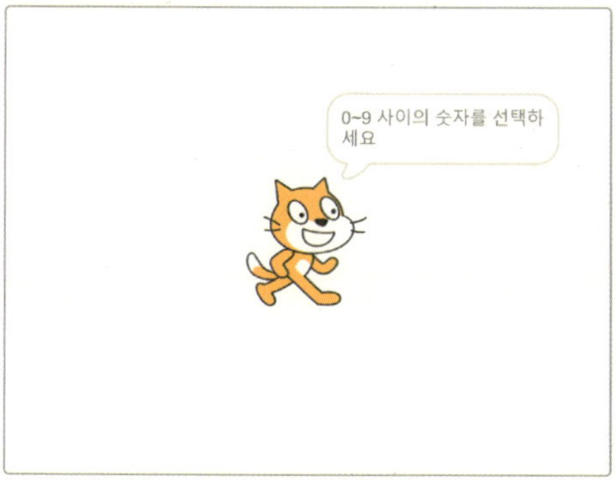

녹색 깃발을 클릭하면 시작합니다.

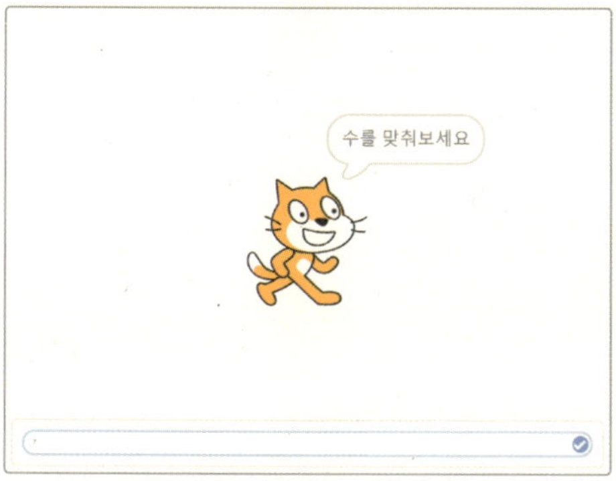

임의의 숫자를 입력합니다.

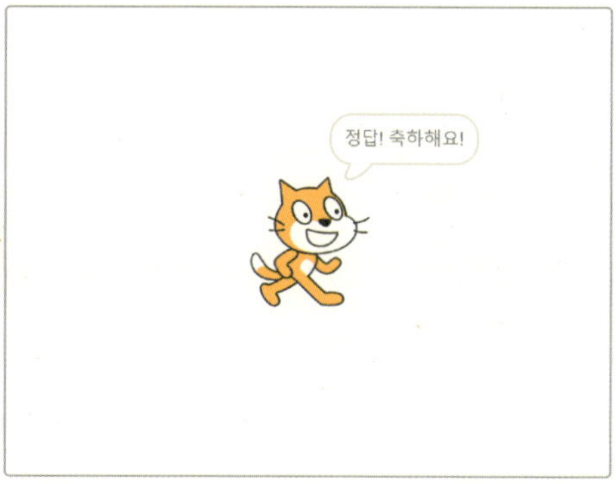

정답인 경우

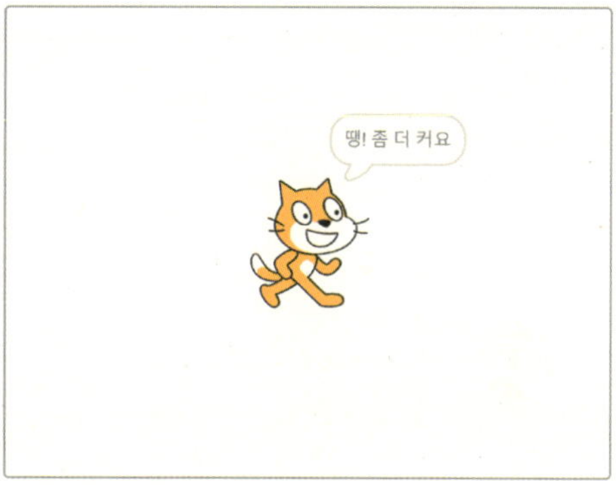

입력한 값이 답보다 작은 경우

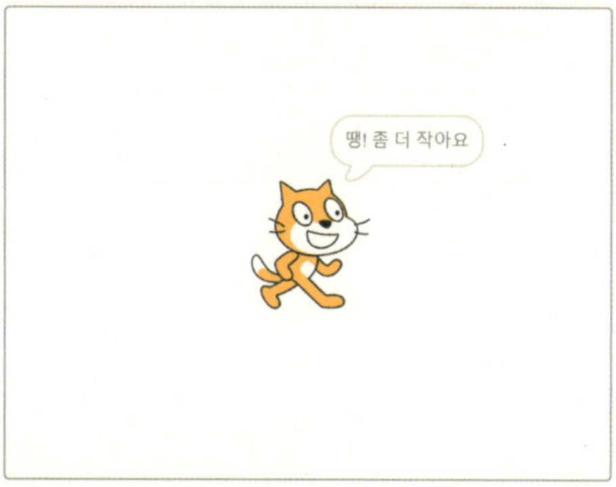

입력한 값이 답보다 큰 경우

COLUMN
타이머 이용하기

퀴즈나 게임 등에서는 경과 시간을 표시하거나 시간 제한을 두고 싶을 때가 있습니다. 또 일정한 시간이 지나면, 특정한 처리를 하고 싶을 때도 있겠지요. 그런 경우에는 '감지' 카테고리에 있는 타이머를 이용할 수 있습니다(85페이지).

스크래치는 내부에서 타이머 기능이 작동해, 프로젝트를 열었을 때부터 또는 지정한 시점부터의 경과 시간을 관리하고 있습니다. 스크래치의 타이머에는 다음과 같은 특징이 있습니다.

■ 타이머 표시 단위

블록 팔레트의 [타이머] 블록 왼쪽에 있는 체크박스에 체크하면, 무대 위에 타이머 값을 표시할 수 있습니다. 단위는 1/1000초까지 다룰 수 있습니다.

경과 시간을 끊임없이 카운트하고 있습니다.

■ 타이머 정지

다른 스크립트처럼 빨간 스톱색 버튼이나 [멈추기 모두(이 스크립트/이 스프라이트의 다른 스크립트)] 블록으로는 멈출 수 없습니다. 타이머로 새로운 시간을 측정하려면 [타이머 초기화] 블록을 사용합니다.

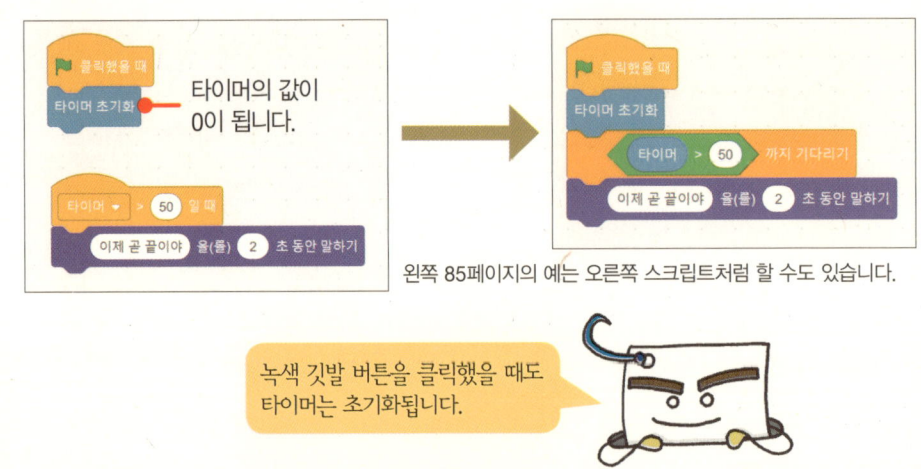

왼쪽 85페이지의 예는 오른쪽 스크립트처럼 할 수도 있습니다.

녹색 깃발 버튼을 클릭했을 때도 타이머는 초기화됩니다.

6

복수의 스프라이트 이용하기

6장에서 꼭 알아야할 키포인트

 다른 스프라이트 조작하기

　5장까지는 스크래치의 스크립트 작성 화면에 처음부터 표시되어 있던 고양이 스프라이트로 학습했습니다. 스프라이트는 자유롭게 추가하거나 삭제할 수 있고, 또 복수의 스프라이트를 다룰 수도 있습니다. 이 장에서는 무대의 스프라이트를 추가하는 것부터 시작합니다. 스프라이트를 추가하는 방법은 몇 가지 있지만(22페이지), 이 장에서는 스프라이트 라이브러리에 준비된 것을 사용합니다. 이 방법이 가장 기본적이고 간단합니다. 단, 스프라이트 라이브러리에 있는 스프라이트는 너무 서구적인 캐릭터가 많아, 실제로는 조금 쓰기 힘들지도 모릅니다.

　스프라이트를 추가했다면, 다른 스프라이트나 배경에 **메시지**를 보내봅시다. 스프라이트나 무대가 메시지를 받으면, 그에 따른 스크립트를 시작합니다. 메시지를 사용하면 다른 스프라이트나 무대를 조작할 수 있으므로, 스프라이트끼리 대화하거나 복수의 스프라이트를 동시에 움직일 수 있고 혹은 배경을 바꾸는 등 더 복잡한 동작을 할 수 있게 됩니다.

 # 스프라이트 복제하기

스크래치에 **복제**라는 기능이 있습니다. 복제라고 하면, 일반적으로는 과학이나 의학 쪽에 등장하는 말로, 뭔가 어려울 것 같지만, 스크래치에서 말하는 복제란 스프라이트를 복제, 즉 복사하는 기능입니다.

예를 들어, 게임으로 생각해 봅시다. 적이나 장애물을 반복해서 출현시키거나 총알을 연속으로 쏘고 싶을 때, 스프라이트를 잔뜩 준비해서 구현하기는 힘이 듭니다. 비나 눈이라도 내리게 하려면, 필요한 스프라이트의 수는 현기증이 날 정도가 되겠지요. 이런 때 편리한 기능이 복제입니다. 복제를 이용하면, 스크립트 실행 중에 스프라이트를 복제해서 증가시킵니다. 원본이 될 스프라이트를 하나 준비하면 되므로, 간단하게 많은 스프라이트를 표시할 수 있습니다.

메시지와 복제의 의미를 이해했다면, 이제 본격적인 학습으로 들어갑시다.

스프라이트 추가하기

무대에 표시되는 스프라이트를 늘려봅시다.

스프라이트를 추가하려면

지금까지 스프라이트는 하나였지만, 복수의 스프라이트를 움직일 수도 있습니다. 스프라이트를 추가하려면 다음과 같이 합니다.

① 화면 오른쪽 아래에 있는 고양이 버튼(　)을 클릭합니다.

② '스프라이트 고르기' 페이지가 열리면, 추가하고 싶은 스프라이트를 선택합니다.

③ 무대와 스프라이트 목록에 스프라이트가 추가됩니다.

> 스프라이트를 여러 개 사용하고 싶을 때는 필요한 수만큼 이 순서를 반복하세요.

제6장 복수의 스프라이트 이용하기

스크립트 작성하기

스크립트는 스프라이트의 종류별로 조립합니다.

고양이용 스크립트

바나나용 스크립트

스프라이트 목록에 있는 섬네일 이미지를 클릭하면, 스크립트 영역이 선택한 스프라이트용으로 전환됩니다.

스크립트 영역

오른쪽 위 스프라이트의 일러스트를 보면, 어느 스프라이트의 스크립트 영역인지 알 수 있습니다.

어느 스프라이트와도 직접 관계가 없는 스크립트를 무대 스크립트로서 배치하기도 해요

클릭합니다.

 ## 스프라이트 삭제하기

스프라이트를 삭제하고 싶을 때는 스프라이트 목록에서 삭제하고 싶은 스프라이트를 선택하고, 스프라이트의 오른쪽 상단에 표시되는 [🗑] 기호를 클릭합니다.

클릭합니다.

메시지

메시지 기능을 사용하면, 예를 들어 스프라이트끼리 대화하거나 뭔가를 계기로 화면을 전환하는 프로그램을 만들 수 있습니다.

 ## 메시지란

메시지는 스프라이트나 배경 사이에서 통신하는 기능입니다. 보내는 쪽과 받는 쪽이 있고, 받는 쪽은 그 메시지가 신호가 되어 스크립트를 실행합니다. 메시지는 다음과 같은 구조로 되어 있습니다.

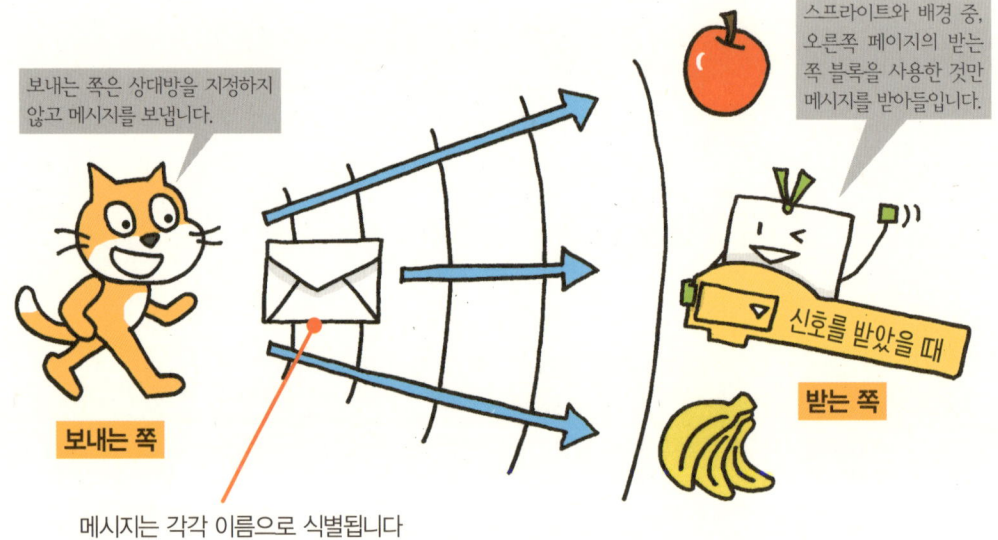

메시지에서 사용하는 블록

메시지 기능을 이용하려면 '이벤트' 카테고리에 있는 다음 블록을 사용합니다.

보내는 쪽(Sender)

메시지1 ▼ 신호 보내기	메시지를 보내면 바로 다음 스크립트로 진행합니다. 이때 보내는 쪽과 받는 쪽 2개의 스크립트가 작동합니다.
메시지1 ▼ 신호 보내고 기다리기	메시지를 보낸 뒤, 받은 쪽의 처리가 모두 끝나는 것을 기다리고 나서, 다음 스크립트를 실행합니다.

받는 쪽(Receiver)

메시지1 ▼ 신호를 받았을 때	메시지를 받으면 아래로 이어지는 스크립트를 실행합니다.

메시지에 반응한다

실제로 메시지를 사용해 봅시다.

🔓 준비

92페이지를 참고해 스프라이트를 추가하고, 26페이지를 참고해 배경을 추가합니다. 스프라이트를 적당한 위치에 배치해 둡시다. 이번에는 라이브러리에서 다음과 같은 스프라이트와 배경을 선택합니다.

🔓 메시지를 만든다

메시지에 이름을 붙입니다. 나중에 다루기 쉽도록 알기쉬운 이름으로 붙입시다.

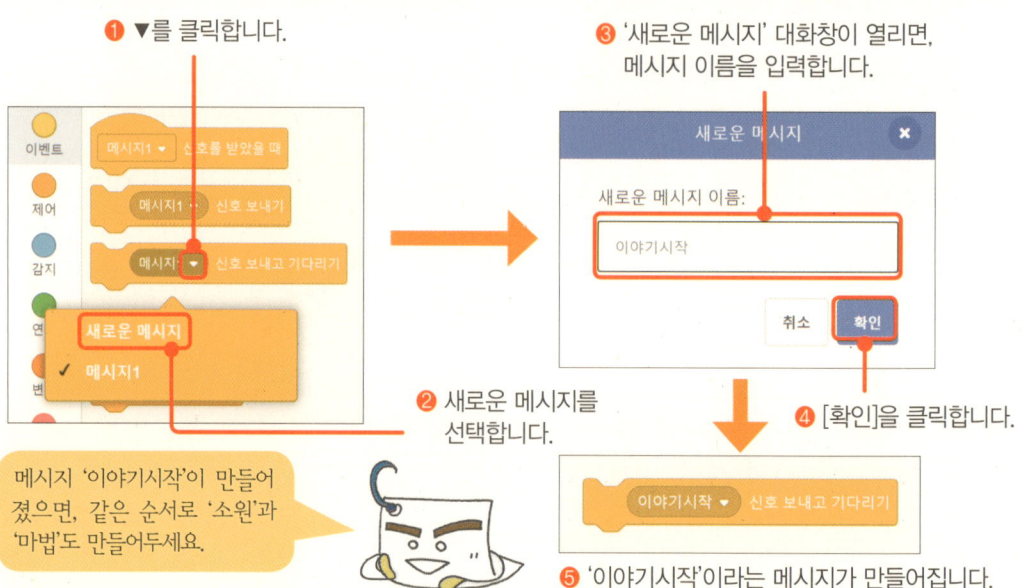

❶ ▼를 클릭합니다.

❷ 새로운 메시지를 선택합니다.

❸ '새로운 메시지' 대화창이 열리면, 메시지 이름을 입력합니다.

❹ [확인]을 클릭합니다.

❺ '이야기시작'이라는 메시지가 만들어집니다.

메시지 '이야기시작'이 만들어졌으면, 같은 순서로 '소원'과 '마법'도 만들어두세요.

스크립트를 만든다

무대와 스프라이트의 스크립트 영역에 다음 스크립트를 배치합니다.

무대 스크립트

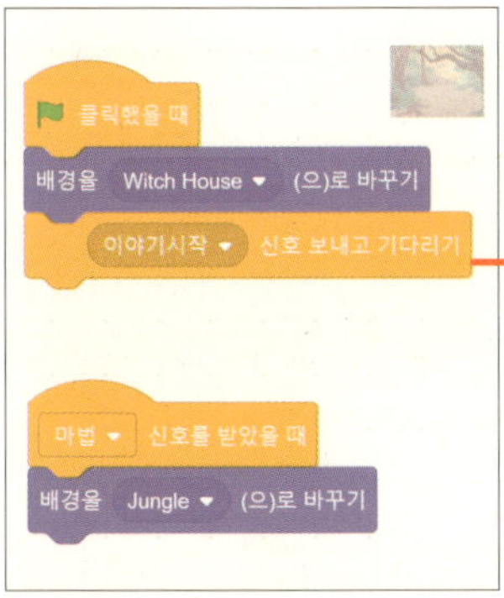

```
클릭했을 때
배경을 Witch House (으)로 바꾸기
이야기시작 ▼ 신호 보내고 기다리기

마법 ▼ 신호를 받았을 때
배경을 Jungle (으)로 바꾸기
```

고양이 스크립트

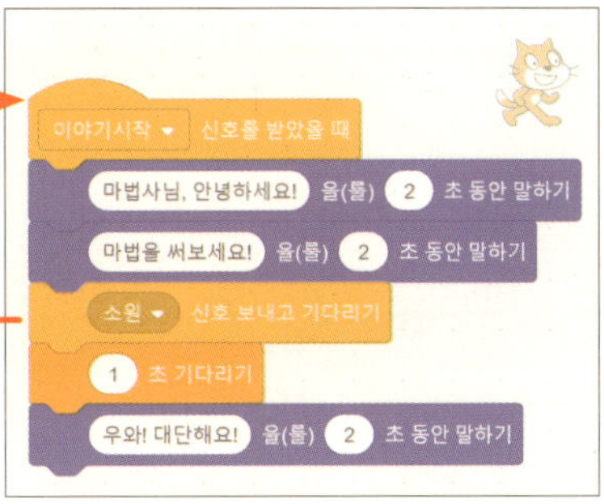

```
이야기시작 ▼ 신호를 받았을 때
마법사님, 안녕하세요! 을(를) 2 초 동안 말하기
마법을 써보세요! 을(를) 2 초 동안 말하기
소원 ▼ 신호 보내고 기다리기
1 초 기다리기
우와! 대단해요! 을(를) 2 초 동안 말하기
```

※ 화살표는 메시지의 흐름입니다.

마법사 스크립트

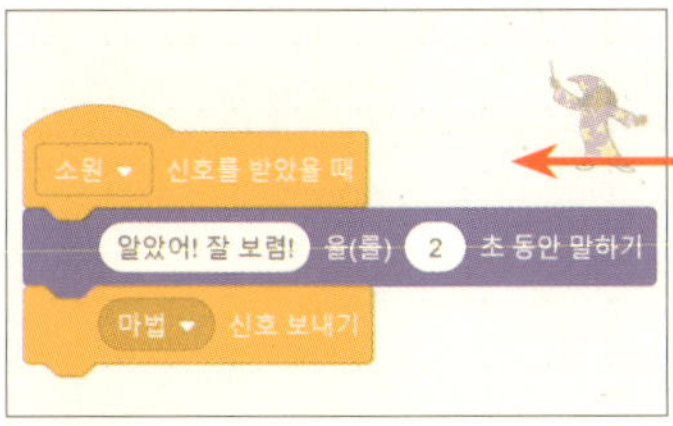

```
소원 ▼ 신호를 받았을 때
알았어! 잘 보렴! 을(를) 2 초 동안 말하기
마법 ▼ 신호 보내기
```

무대 스크립트 영역은 화면 오른쪽 아래 '무대'를 클릭해야 전환돼요.

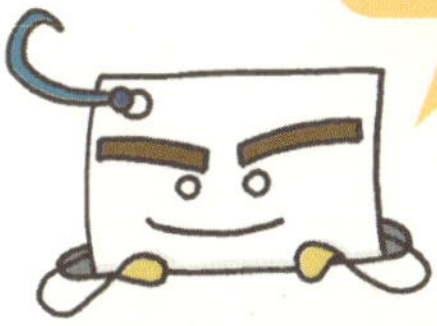

실행 결과

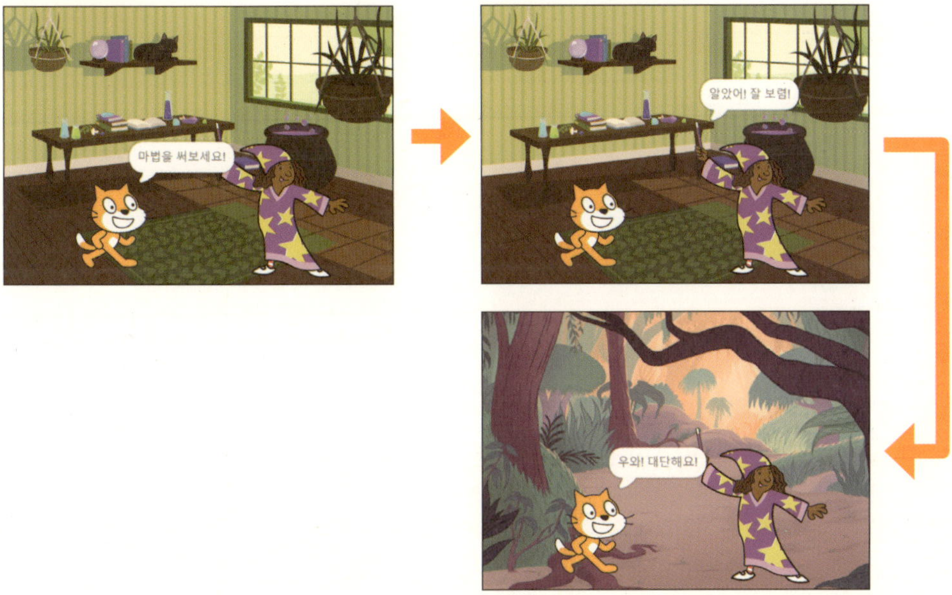

복제

같은 스프라이트를 여러 개 표시하고 싶을 때 필요한 수만큼 준비하려면 시간이 걸립니다. 그런 때는 복제라는 기능을 사용합니다.

복제란

복제란 스프라이트를 복사하는 것입니다. 또한 복제된 스프라이트를 가리키기도 하며 클론이라고도 합니다.

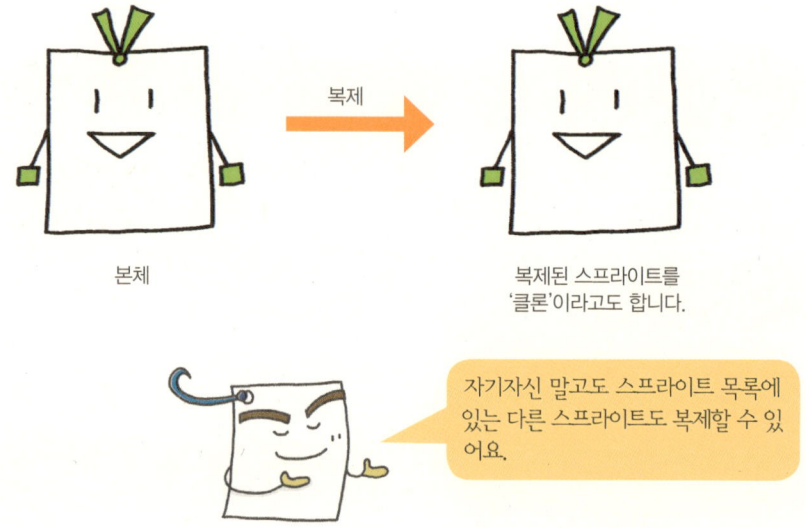

본체

복제

복제된 스프라이트를 '클론'이라고도 합니다.

자기자신 말고도 스프라이트 목록에 있는 다른 스프라이트도 복제할 수 있어요.

스크립트는 스프라이트나 배경의 종류당 하나입니다. 즉, 복제는 스크립트를 공유합니다. 각각의 복제는 스크립트에 따라 개별적으로 동작합니다.

복제에서 사용하는 블록

복제 기능을 이용하려면, '제어' 카테고리에서 다음 블록을 사용합니다.

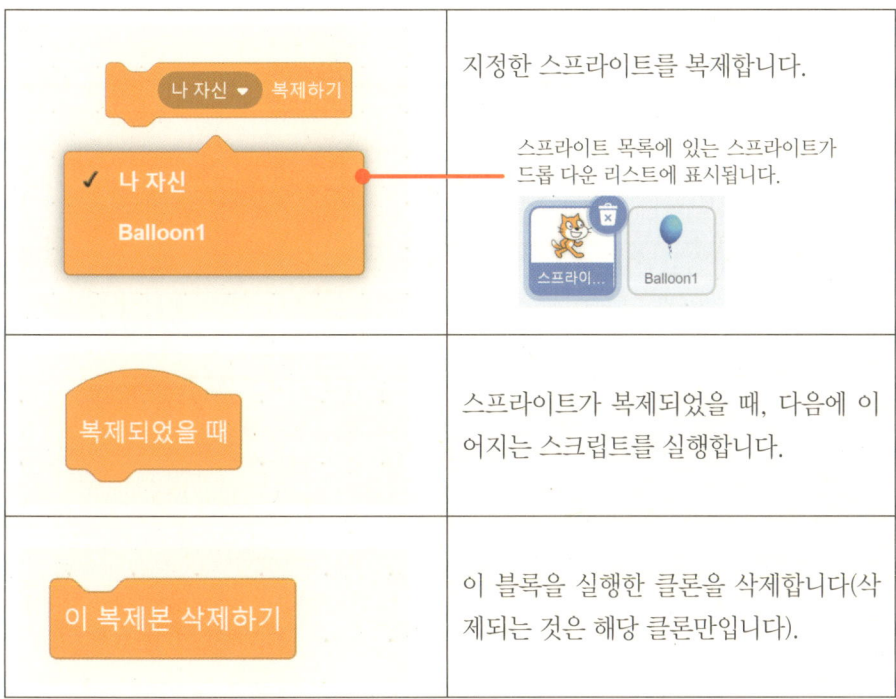

나 자신 ▼ 복제하기	지정한 스프라이트를 복제합니다. 스프라이트 목록에 있는 스프라이트가 드롭 다운 리스트에 표시됩니다.
복제되었을 때	스프라이트가 복제되었을 때, 다음에 이어지는 스크립트를 실행합니다.
이 복제본 삭제하기	이 블록을 실행한 클론을 삭제합니다(삭제되는 것은 해당 클론만입니다).

[정지] 버튼이나 [멈추기 [모두]] 블록을 사용하면, 모든 복제가 삭제됩니다.

 멈추기 모두 ▼

≫ 복제할 수 있는 수량

복제는 300개까지 만들 수 있습니다. 단, 복제 수가 너무 증가하면 처리가 느려지거나 멈춰 버리는 경우도 있습니다. 지나치게 늘어나지 않도록 주의하고, 필요 없는 복제는 삭제합시다.

복제의 사용례

실제로 복제를 만들어봅시다.

🔓 준비

92페이지를 참고로 스프라이트를 추가합니다. 이번에는 'Balloon1'을 골랐습니다. 다음으로 고양이 스프라이트를 삭제합니다.

클릭합니다. 휴지통 표시가 보이지 않을 때는 섬네일을 클릭해서 선택해 주세요.

고양이는 이번에 사용하지 않아요. 사용하지 않는 스프라이트는 되도록 삭제하는 편이 좋겠지요.

🔓 복제하기

다음처럼 본체 스프라이트에서 복제를 만드는 스크립트(위)와 복제의 동작을 지정하는 스크립트(아래)를 작성합니다.

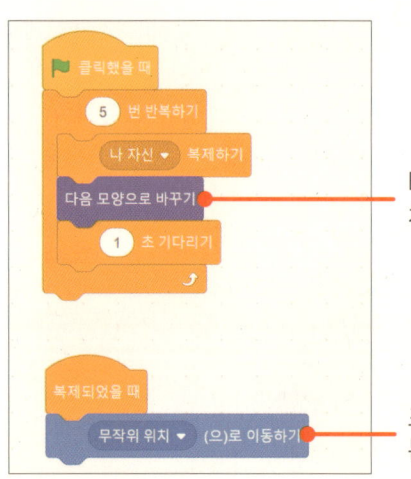

Balloon1에는 모양이 3개 있으므로, 차례로 표시됩니다.

표시할 장소를 지정하지 않으면 본체에 겹쳐서 표시됩니다.

실행 결과

5회 복제하므로, 본체 1개 와 복제 5개(①~⑤)의 합계 6개의 풍선이 표시됩니다.

❯❯ 본체 표시하지 않기

스크립트에 따라서는 본체 스크립트를 표시하지 않고 복제만 표시하는 편이 적합한 경우도 있습니다. 그런 경우는 각각 [숨기기]와 [보이기] 블록을 추가합니다.

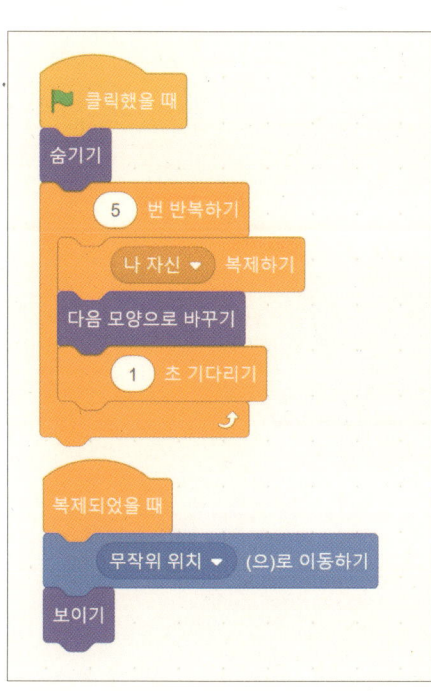

복제된 풍선 5개만 표시됩니다. 본체는 표시되지 않습니다.

COLUMN

객체의 인스턴스

  2장의 칼럼에서는 객체와 스프라이트와의 연관성을 설명했습니다. 이 장에서 소개한 복제에도 객체 지향 프로그래밍과의 연관성을 발견할 수 있습니다.

  본문에서 '스크립트는 스프라이트와 배경의 종류당 하나'라고 설명했지만, 이 '종류'라는 말이 사실 중요합니다. 만약 '스프라이트당 하나'라고 했다면, 스프라이트를 복제해 클론을 만들었을 때 각각 스크립트를 갖게 됩니다. 하지만, 스크래치의 특징은 그렇지 않습니다. 스크립트는 화면 오른쪽 아래에 있는 스프라이트 목록의 스프라이트에 연결되어 있다고 생각하는 편이 타당하다고 생각합니다. 스프라이트 목록의 스프라이트가 스탬프라고 하면, 무대에 표시되는 스프라이트는 그 스탬프를 찍은 것입니다. 혹은 스프라이트 목록의 스프라이트를 설계도라고 하고, 무대 위의 스프라이트는 설계도를 바탕으로 만들어진 것이라고 말할 수도 있겠지요.

  객체 지향 프로그래밍에서는 이 설계도에 해당하는 것을 클래스라고 부릅니다. 그리고 클래스를 바탕으로 만들어진 것을 객체(사물), 또는 인스턴스(실체)라고 부릅니다. 스크래치를 시작하면 고양이 스프라이트가 표시됩니다. 이 상태는 고양이 클래스가 준비되어 있고, 고양이 인스턴스가 하나 만들어진 상태라고 할 수 있습니다.

  고양이 이외의 스프라이트가 있다면, 다른 클래스 정의와 인스턴스가 있는 상태가 됩니다. 하나의 클래스로 몇 개라도 인스턴스를 만들 수 있는데, 스크래치의 복제는 여기에 해당합니다.

  언젠가 본격적인 프로그래밍 언어를 습득하고 나서 스크래치를 돌아보면, 스크래치를 보는 시각이 달라질지도 모릅니다.

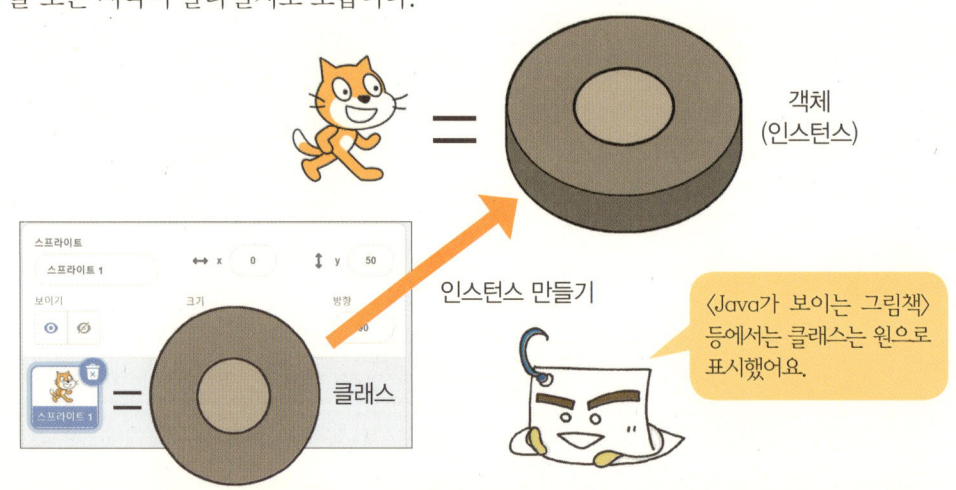

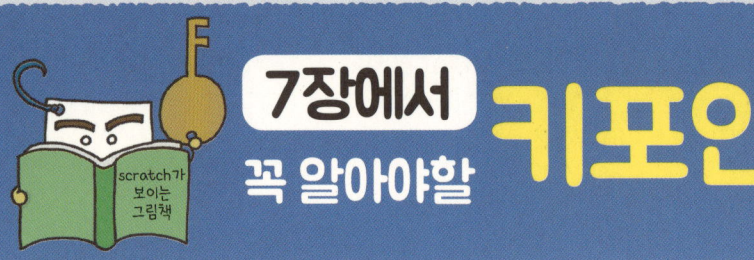

 나만의 블록을 정의해 보자

지금까지 스크래치의 다양한 기능을 소개했습니다. 그런 기능을 사용해 이미 스스로 스크립트를 작성해 본 사람이 있을지도 모르겠네요. 스크립트를 작성할 때 세밀한 동작이나 복잡한 동작을 시키려고 했지만, 스크립트가 너무 길어져버린 적은 없으신가요? 다른 예를 들면, 게임 스크립트 등에서 '몇 번이나 같은 처리가 나오네.' 하고 느낀 적은 없으신가요? 이 장에서는 그런 때 사용할 수 있는 **나만의 블록**을 소개하겠습니다.

나만의 블록은 일련의 처리를 모아서 관리하는 방법입니다. 나만의 블록으로 복수의 블록을 하나로 묶어 이름을 붙여두고, 필요에 따라 호출해서 처리를 실행시킵니다. 나만의 블록은 일반 프로그래밍 언어에서 '**메소드**'나 '**함수**'라고 불리는 메커니즘과 같습니다. 처리의 흐름을 나눌 수 있으므로, 스크립트가 간결해지고 이해하기 쉬워집니다. 이렇게 정의한 블록은 몇 번이든 호출할 수 있으므로 같은 처리를 반복해서 사용하고 싶을 때도 편리합니다.

 # 처리를 바꿔 보자

　나만의 블록을 만들 때 '입력값(인수)'이라고 하는 처리의 재료가 되는 값을 지정할 수도 있습니다. 입력값이 없는 블록에서는 항상 일정한 값으로 처리하지만, 입력값을 받으면 인수값을 바꾼 처리를 할 수 있습니다. 더욱더 편리해질 것 같지요?

　처리를 나누거나 입력값을 지정하거나…. 익숙해지기 전에는 갈팡질팡하기도 하고 귀찮게 여겨질 지도 모릅니다. 그런 때는 이렇게 생각해 보면 어떨까요?

　예를 들어 나만의 블록을 이용하지 않은 채 길고 긴 스크립트를 만들게 됐다고 하겠습니다. 이는 여행 가방 안에 칫솔이나 지갑 등 모든 짐을 그냥 집어넣는 것과 같습니다. 이래서야 막상 사용하려고 할 때 좀처럼 찾기가 어렵겠지요. 실제로는 세면도구나 의류, 귀중품 등 목적이나 용도에 따라 필요한 것을 모아서 가방에 넣을 것입니다. 스크립트를 만들 때도 처리별로 몇 가지 정의를 모아, 필요할 때 호출해 사용하는 편이 깔끔하고 쓰기에도 편리합니다.

　스크래치 기능에 관한 직접적인 학습은 이 장이 마지막입니다. 조금만 더 힘내봅시다.

나만의 블록 (1)

스크래치에는 다양한 기능을 가진 블록이 미리 준비되어 있지만, 지정한 처리를 하는 블록을 직접 만들 수도 있습니다.

나만의 블록이란

나만의 블록 카테고리는 일련의 처리를 모아서 하나의 블록(정의 블록)으로 만드는 것입니다. 직접 실행하는 스크립트와는 별도로 만들어두고 스크립트에서 **호출**합니다.

블록 만들기

나만의 블록 기능을 사용하려면, 우선 다음 순서에 따라 블록을 만들어야 합니다.

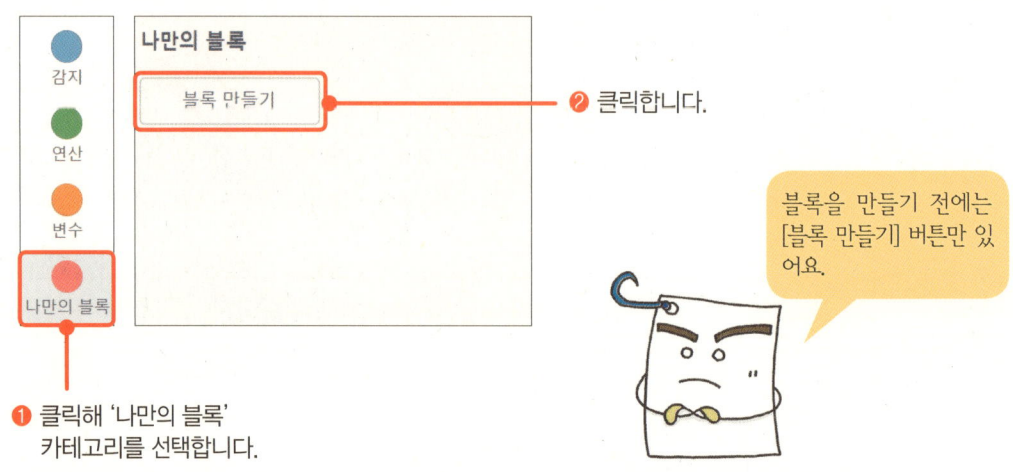

❶ 클릭해 '나만의 블록' 카테고리를 선택합니다.

❷ 클릭합니다.

블록을 만들기 전에는 [블록 만들기] 버튼만 있어요.

'블록 만들기' 대화창이 열리면, 다음과 같이 설정합니다.

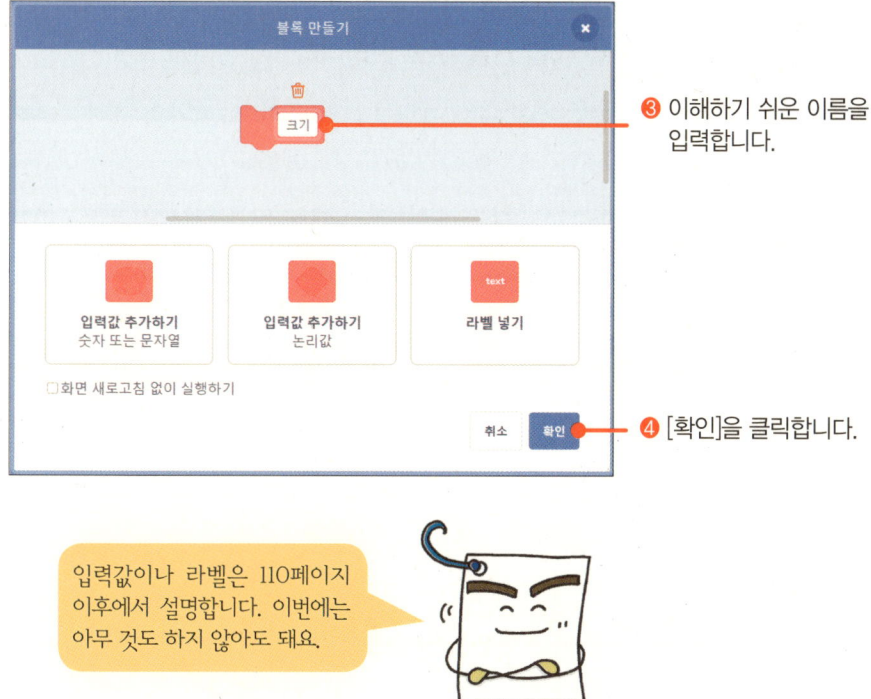

❸ 이해하기 쉬운 이름을 입력합니다.

❹ [확인]을 클릭합니다.

입력값이나 라벨은 110페이지 이후에서 설명합니다. 이번에는 아무 것도 하지 않아도 돼요.

블록을 만들면, 블록 팔레트와 스크립트 영역에 다음과 같은 블록이 표시됩니다.

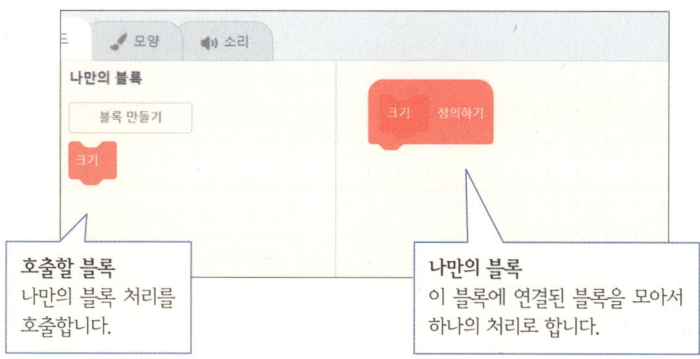

호출할 블록
나만의 블록 처리를 호출합니다.

나만의 블록
이 블록에 연결된 블록을 모아서 하나의 처리로 합니다.

이것만으로는 블록의 동작이 설정되지 않아서, 아직 사용할 수는 없습니다. 다음 페이지에서 동작을 설정(정의)해 실제로 사용할 수 있도록 하겠습니다.

나만의 블록 (2)

여러 명령을 한데 모아 나만의 블록의 동작을 설정합니다.

여러 명령을 모은다

스크립트 영역에 표시된 나만의 블록에 블록을 추가해서 어떻게 동작할지 설정합니다.

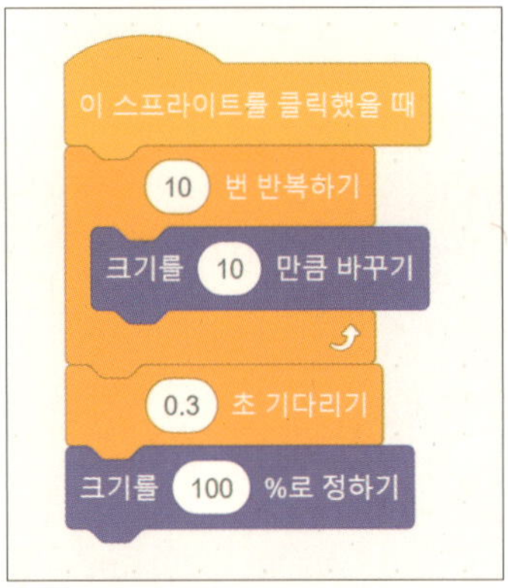

이번에는 81페이지 예제의 스크립트를 사용해요.

❶ 드래그해서 분리합니다.

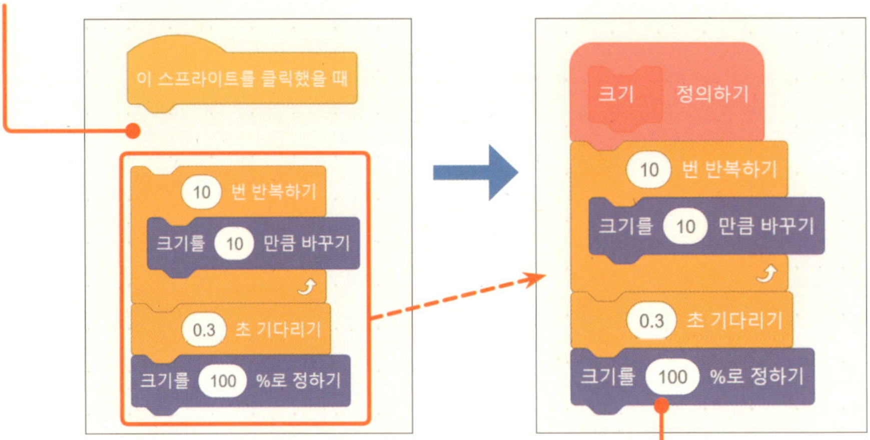

❷ 분리한 스크립트를 [정의하기] 블록 아래에 드래그 앤 드롭해서 연결합니다.

이제 [크기]라는 나만의 블록의 동작이 설정됐습니다.

다음으로 스크립트를 실행할 수 있게 합니다.

❸ 블록 팔레트의 '크기' 블록을 스크립트 영역에 드래그 앤 드롭합니다.

❹ ❶에서 잘라둔 '이 스프라이트를 클릭했을 때' 블록에 드래그 앤 드롭으로 연결합니다.

스크립트를 실행할 준비가 됐습니다. 스프라이트를 클릭해 봅시다. 스프라이트 크기가 바뀝니다.

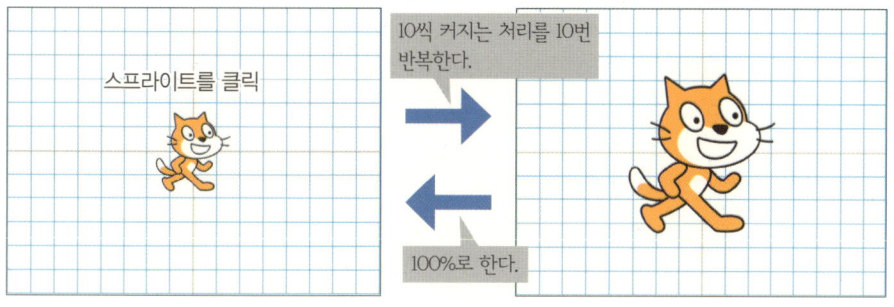

※ 크기 변화를 알기 쉽게 배경 라이브러리에서 그리드 배경을 추가했습니다.

이 스크립트는 다음과 같이 동작합니다.

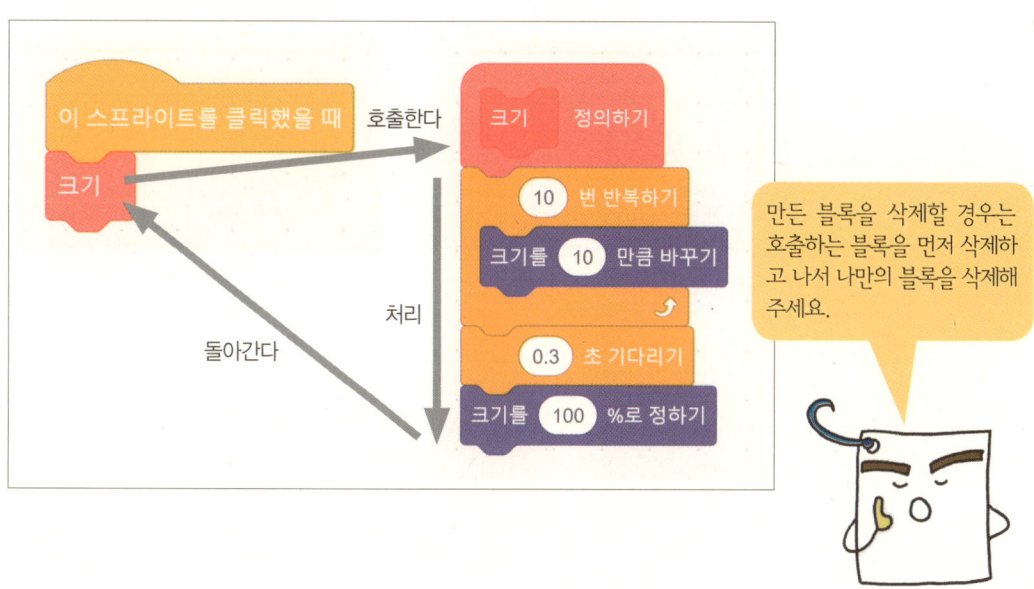

만든 블록을 삭제할 경우는 호출하는 블록을 먼저 삭제하고 나서 나만의 블록을 삭제해 주세요.

블록 만들기의 입력값 (1)

블록을 만들 때, 입력값이라는 말이 나왔습니다. 이 입력값에 관해 학습합니다.

🔓 입력값이란

처리의 재료가 되는 값을 **입력값**(인수)이라고 합니다. 입력값을 바꿔 호출함으로써 하나의 블록에 여러 가지 처리를 시킬 수 있습니다. 다음 코드는 입력값을 이용해 정의한 블록을 호출하는 예입니다.

'수'의 값은 10이 됩니다.

🔓 입력값이 딸린 블록 만들기

블록을 만들 때 입력값도 설정해 봅시다. 106페이지를 참고로 [블록 만들기] 대화창을 열어 주세요. 이번엔 숫자며 문자열을 받는 입력값을 추가합니다.

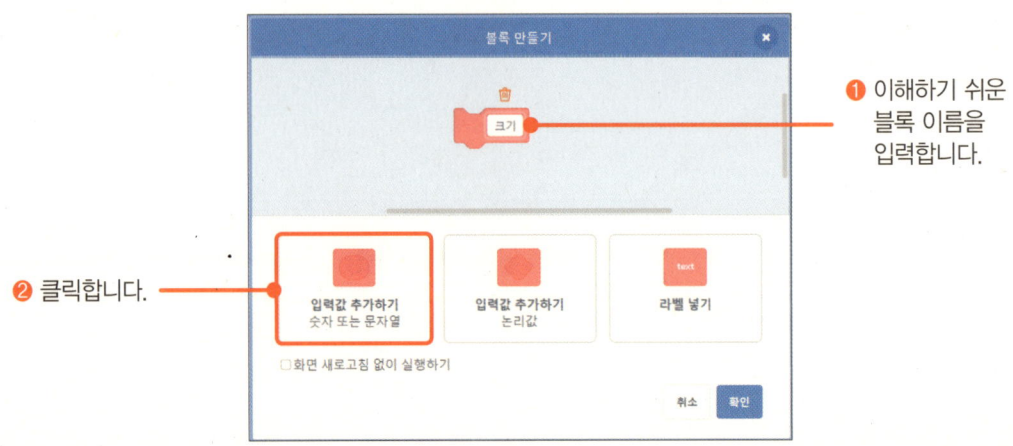

❶ 이해하기 쉬운 블록 이름을 입력합니다.

❷ 클릭합니다.

제7장 나만의 블록

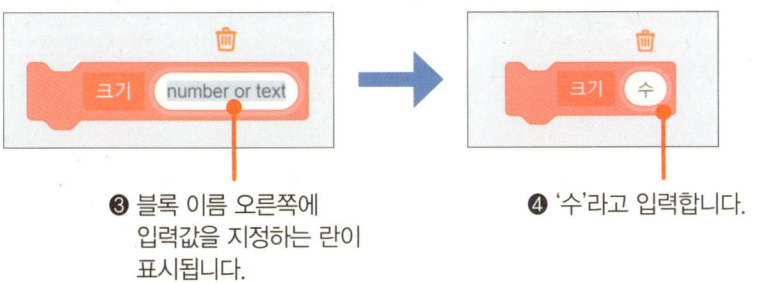

❸ 블록 이름 오른쪽에 입력값을 지정하는 란이 표시됩니다.

❹ '수'라고 입력합니다.

대화창의 [확인] 버튼을 누르면, 입력값을 받는 블록이 만들어집니다.

계속해서 108페이지와 같은 스크립트를 사용해, 만든 블록의 동작을 설정합니다.

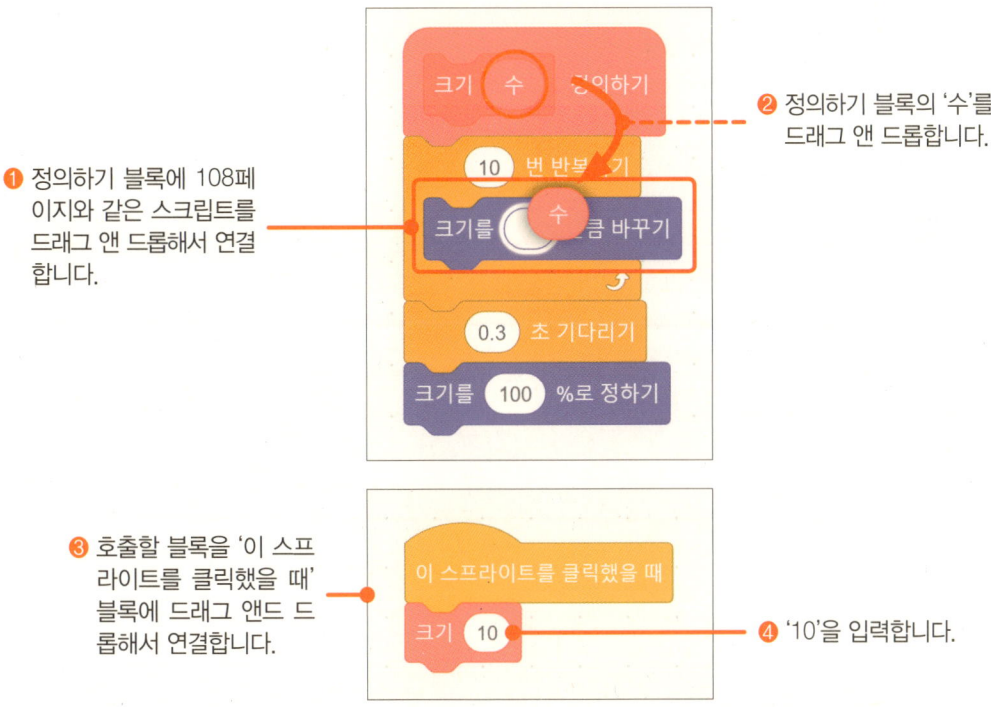

❶ 정의하기 블록에 108페이지와 같은 스크립트를 드래그 앤 드롭해서 연결합니다.

❷ 정의하기 블록의 '수'를 드래그 앤 드롭합니다.

❸ 호출할 블록을 '이 스프라이트를 클릭했을 때' 블록에 드래그 앤드 드롭해서 연결합니다.

❹ '10'을 입력합니다.

다음 페이지에서 스크립트의 동작을 확인해 봅시다.

블록 만들기의 입력값 (2)

이어서 입력값을 가진 블록 만들기를 학습합니다. 우선, 앞 페이지에서 만든 스크립트를 움직여 봅시다.

스크립트의 동작

앞에서 작성한 스크립트를 실행하면, 다음과 같이 됩니다.

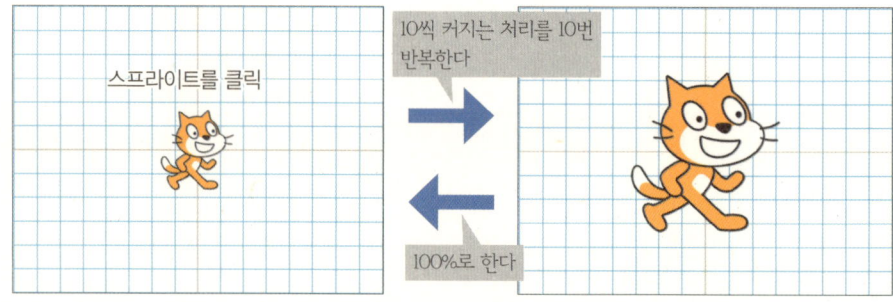

※ 크기 변화를 알기 쉽게 배경 라이브러리에서 그리드 배경을 추가했습니다.

이 스크립트는 다음과 같이 동작합니다.

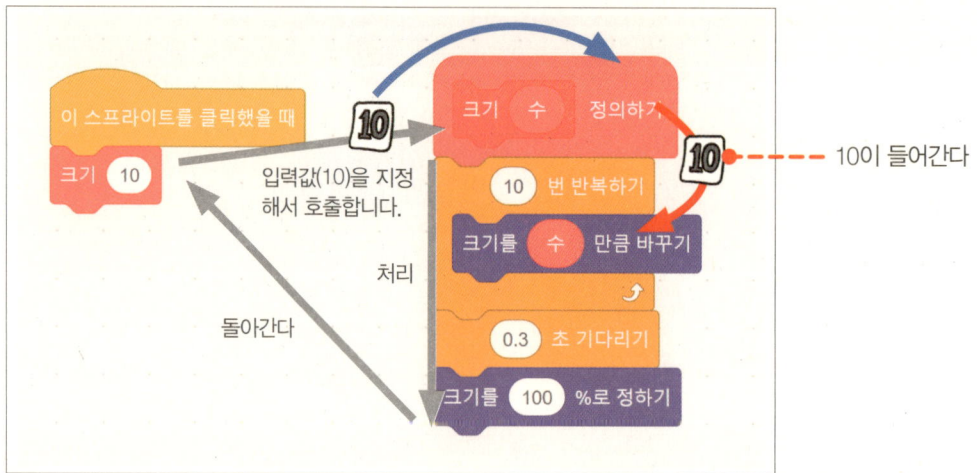

호출할 블록의 수치를 '25'로 변경해 봅시다.

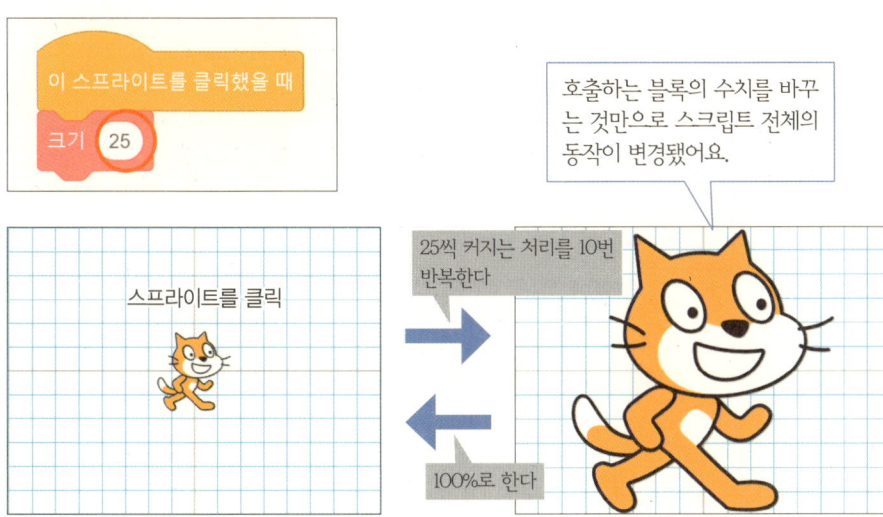

라벨 문자열 추가하기

'블록 만들기' 대화창의 '라벨 넣기'는 정의하는 블록 끝에 문자열을 추가합니다. 예를 들어 '○씩 변경한다'라고 지정하면, 만든 블록에 다음과 같이 표시됩니다.

나만의 블록을 정의하는 장점

굳이 메인 스크립트와 별도로 블록을 만드는 것은 어째서일까요? 65페이지의 예를 활용하면서 생각해 봅시다.

🔓 장점 1 : 스크립트가 간결해진다

처리를 한데 모으면 스크립트가 간결해져 보기가 쉬워집니다. 또한, 적절한 이름을 붙임으로써 의미를 이해하기 쉬워집니다.

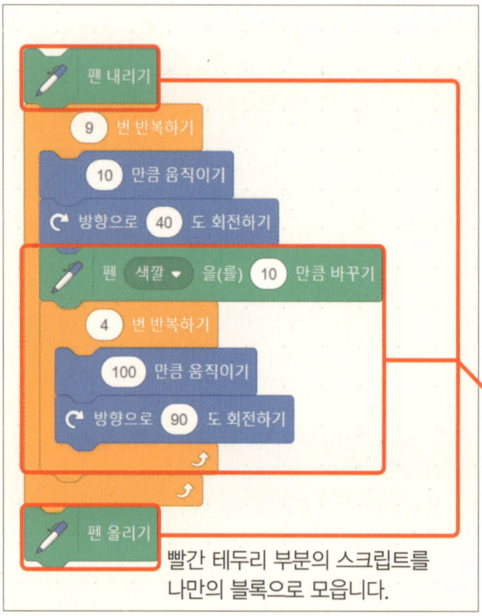

빨간 테두리 부분의 스크립트를 나만의 블록으로 모읍니다.

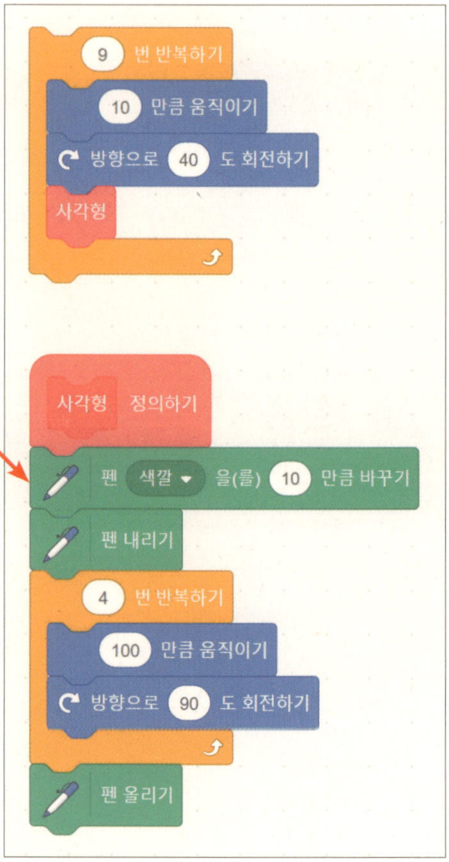

실행 결과

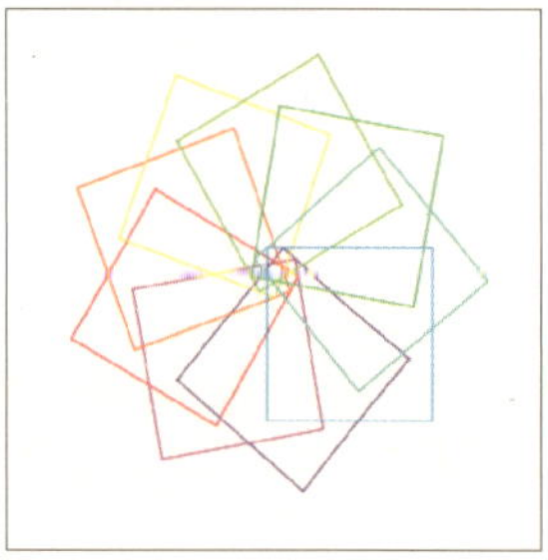

※펜 기능은 에디터 왼쪽 아래에 있는 🗂️를 클릭해 추가할 수 있습니다.
※실행 결과에서 스프라이트는 밀어뒀습니다.

장점 2 : 같은 처리를 재이용할 수 있다

같은 처리를 여러 번 사용하고 싶을 때, 그때마다 긴 스크립트를 작성하는 수고를 덜 수 있고, 수정 작업도 간단해집니다.

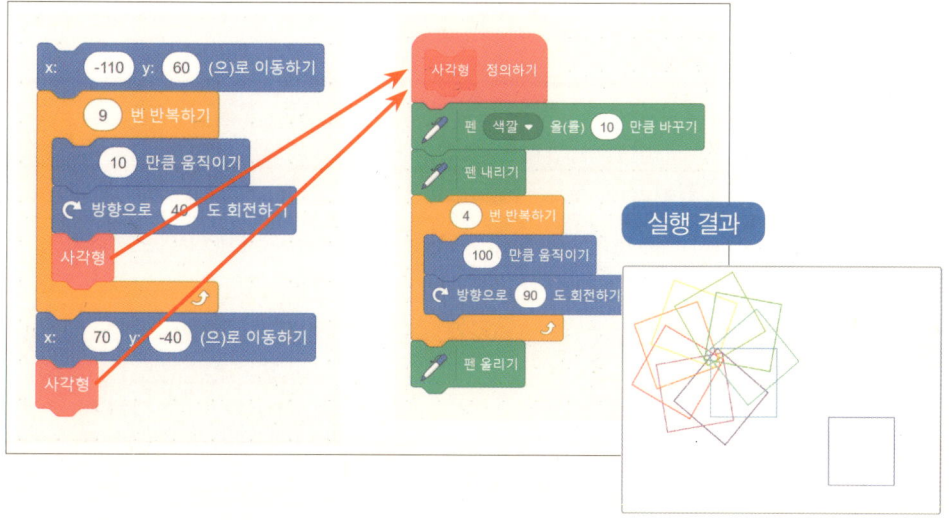

 ## 장점 3 : 입력값으로 처리를 변경할 수 있다

입력값을 사용해 매번 달라지는 처리를 간단하게 만들 수 있습니다.

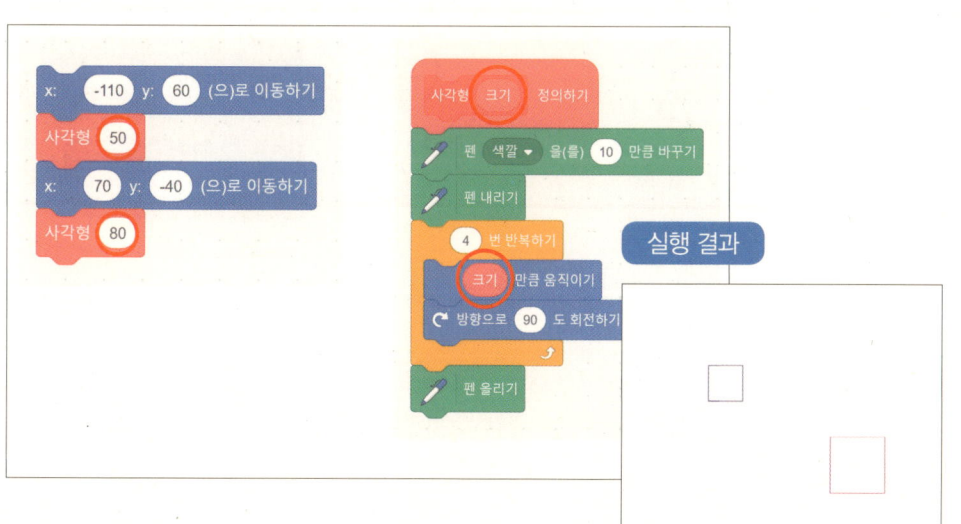

다른 스프라이트에서 호출한다

블록은 스프라이트나 배경마다 만들어집니다. 다른 스프라이트에서 이용하고 싶을 때는 어떻게 하면 좋을까요?

블록은 스프라이트에 연결된다

새로 정의한 블록은 스프라이트나 배경별로 설정합니다. 다른 스프라이트나 배경에서 직접 조작하거나 변수, 리스트처럼 프로젝트 전체에서 사용할 수 있는 블록을 만들 수는 없습니다. 다른 스프라이트나 배경 블록을 조작할 경우는 메시지 기능을 이용합니다.

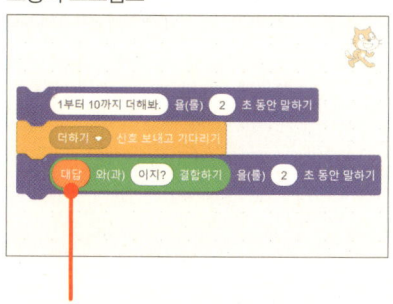

고양이 스크립트

❶ 변수를 '모든 스프라이트에서 사용'으로 만듭니다.

사과 스크립트

❸ 사과가 계산한 결과가 들어간 값을 고양이의 대사로 이용합니다.

❷ 고양이에서 사과로 메시지를 보내 계산시킵니다.

실행 결과

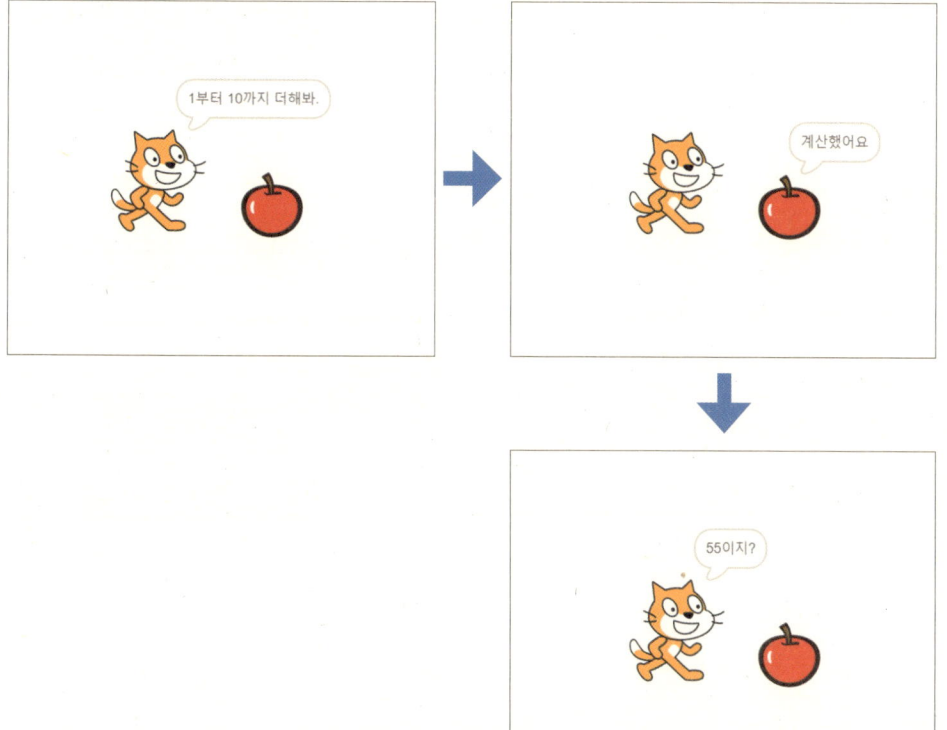

COLUMN

화면 새로고침 없이 실행하기

'블록 만들기' 대화창이 열리면, 아래 쪽에 '화면 새로고침 없이 실행하기'라는 항목이 있습니다(107페이지). 이 항목에 체크하면 중간 과정을 표시하지 않고 결과가 바로 표시됩니다. 실행 결과를 빠르게 나타낼 때 사용합니다.

예를 들어, 아래 왼쪽 스크립트에서는 20씩 10번 반복해서 움직여 200만큼 이동합니다. 한편, '화면 새로고침 없이 실행하기'에 체크해 블록을 만들면(오른쪽 스크립트), 실행하자마자 200만큼 이동한 것처럼 됩니다.

그림으로 설명하면 이렇게 됩니다.

- 화면 새로고침하면서 실행(기본 동작)

- '화면 새로고침 없이 실행하기'에 체크

8

움직이는 그림 연극을 만들어 보자

8장에서 꼭 알아야할 키포인트

 움직이는 그림 연극을 만든다

　8장에서는 이 책에서 학습한 내용을 마무리하면서 작품을 만들어 보겠습니다. 다른 프로그래밍 언어와 마찬가지로 스크래치에서도 게임이나 애니메이션을 비롯해, 프레젠테이션 자료, 실용적인 앱 등 다양하게 만들 수 있지만, 처음 배우는 학습자도 비교적 개발하기 쉬운 '움직이는 **그림** 연극'을 제재로 선택했습니다. 복수의 스프라이트를 사용해 각각 움직이기도 하고, 메시지 기능으로 전환하면서 스토리가 진행됩니다. 시작하기 쉽다고는 하지만, 스프라이트나 모양이 늘어나면 메시지 교환이 다소 복잡해지기도 하고, 스크립트도 길어집니다. 어떻게 움직이는지, 어느 순서로 메시지가 오가는지, 스크립트를 잘 보고 따라갑시다. 분명히 두뇌 운동에 도움이 될 것입니다.

지면 관계로 이번에는 스프라이트의 자세한 동작이나 표정 변화 등은 일부 생략했습니다. 모양을 늘리거나 움직임을 더 세밀하게 지정하면 표현할 수 있는 범위가 점점 넓어집니다. 배경을 바꿔보는 것도 재미있겠지요. 이 부분은 스스로 작품을 만들 때 자유 과제로 해보세요.

 예제 다운로드와 불러오기

이 장에서 사용할 예제 프로그램(본서의 부속 데이터)은 다음 성안당 홈페이지에서 다운로드할 수 있습니다. 다운로드한 파일(chaper8_sample121p.sb3)을 불러오려면, 146페이지 '컴퓨터에서 불러오기'를 참고합니다.

> www.cyber.co.kr에 회원 가입 후 로그인한 상태에서 [자료실]-[자료실]로 이동해서 '스크래치' 검색
>
> 예제 코드 chapter8_sample_moving_picture_play121p.sb3

표시되는 위치 등은 변경할 필요가 있지만, 다른 모양을 사용해도 좋습니다.

≫ 이용 시 주의점

예제 프로그램의 내용은 스크래치 상에서 자유롭게 이용할 수 있습니다. 그 때는 스크래치 규약에 따라주세요.

준비

스크립트를 만들기 전에 우선 어떤 이야기 흐름으로 전개되는지 생각해 보고 필요한 소재를 준비합시다.

소재를 준비한다(설계)

이 장에서는 다음과 같은 소재를 사용해 작품을 만듭니다.

■ **스프라이트와 모양**
- 남자 아이

- 이상한 씨앗

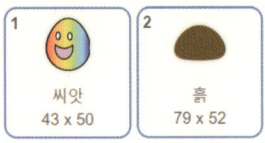

- 삽   · 빗방울

- 식물

- 간식

■ **배경**
- Blue Sky

배경은 배경 라이브러리에 있는 것을 이용했어요.

흐름을 생각한다 (알고리즘)

내용의 대략적인 흐름을 정리해, 스크립트를 작성할 준비에 들어갑시다.

장면 1: 남자 아이가 씨앗을 발견한다
- 남자 아이와 씨앗이 등장
- 남자 아이가 씨앗에 다가간다.

장면 2: 신비한 씨앗과의 대화
- 씨앗의 대사("나를 키워봐.")

장면 3: 씨앗을 심어본다
- 꽃삽을 움직인다.
  → 씨앗이 땅속에 묻힌다.
- 씨앗이 비내리는 주문을 외운다.

장면 4: 비가 내린다
- 복제 기능을 사용해 비를 내린다.

장면 5: 씨앗이 자라서 식물이 된다
- 떡잎에서 자라난 꽃봉우리를 맺는다.
  (모양 변경)

장면 6: 꽃봉우리를 눌러 본다
- 꽃이 핀다.
  → 랜덤하게 간식이 나온다.

> 화살표 부분은 메시지를 사용하는 게 좋겠어요.

장면 1 ~ 장면 2

최초의 장면입니다. 남자 아이가 신비한 씨앗을 발견하고, 씨앗과 대화하는 부분을 만들어 봅시다.

■ 남자 아이가 씨앗을 발견한다

스크립트

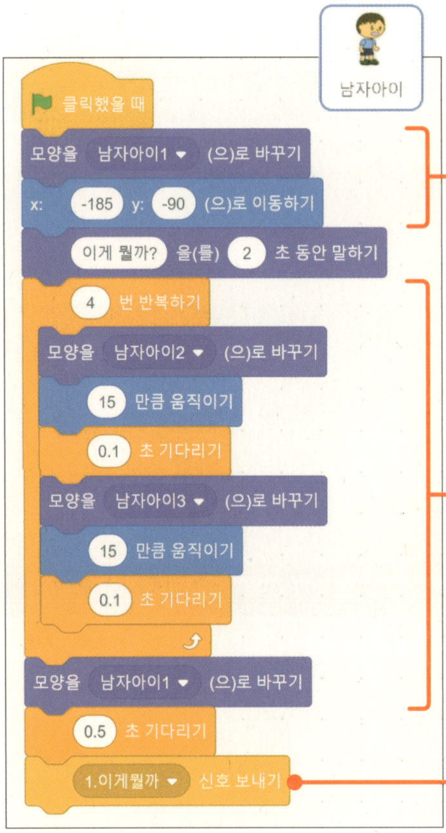

남자아이

```
▶ 클릭했을 때
모양을 남자아이1 (으)로 바꾸기
x: -185 y: -90 (으)로 이동하기
이게 뭘까? 을(를) 2 초 동안 말하기
4 번 반복하기
    모양을 남자아이2 (으)로 바꾸기
    15 만큼 움직이기
    0.1 초 기다리기
    모양을 남자아이3 (으)로 바꾸기
    15 만큼 움직이기
    0.1 초 기다리기
모양을 남자아이1 (으)로 바꾸기
0.5 초 기다리기
1.이게뭘까 ▼ 신호 보내기
```

- 최초의 모양과 표시될 위치를 결정합니다.
- 두 개의 모양을 전환해서 달려가는 것처럼 보여줍니다.
- 동작이 끝나면 씨앗에게 메시지를 보냅니다.

> 처음에 표시되는 스프라이트의 위치는 마우스 등으로 움직여 보고, 적당한 장소를 찾아봐도 좋겠지요.

■ 신비한 씨앗과의 대화

스크립트

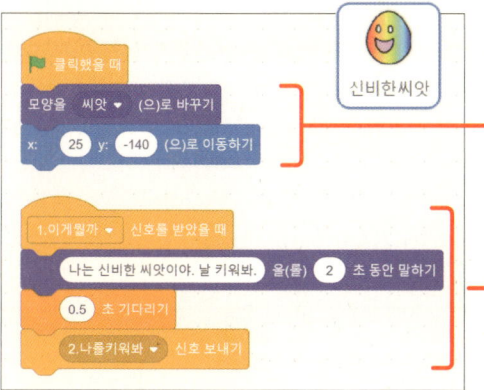

최초의 모양과 표시될 위치를 결정합니다.

남자 아이로부터 메시지를 받았으면 스크립트를 실행합니다.
실행을 마쳤으면
다음 장면으로 메시지를 보냅니다.

실행 결과

장면 3

남자 아이는 씨앗의 말대로 씨앗을 키우기로 했습니다. 삽을 움직여 흙을 덮습니다.

■ 씨앗을 심어 본다(삽을 움직인다)

스크립트

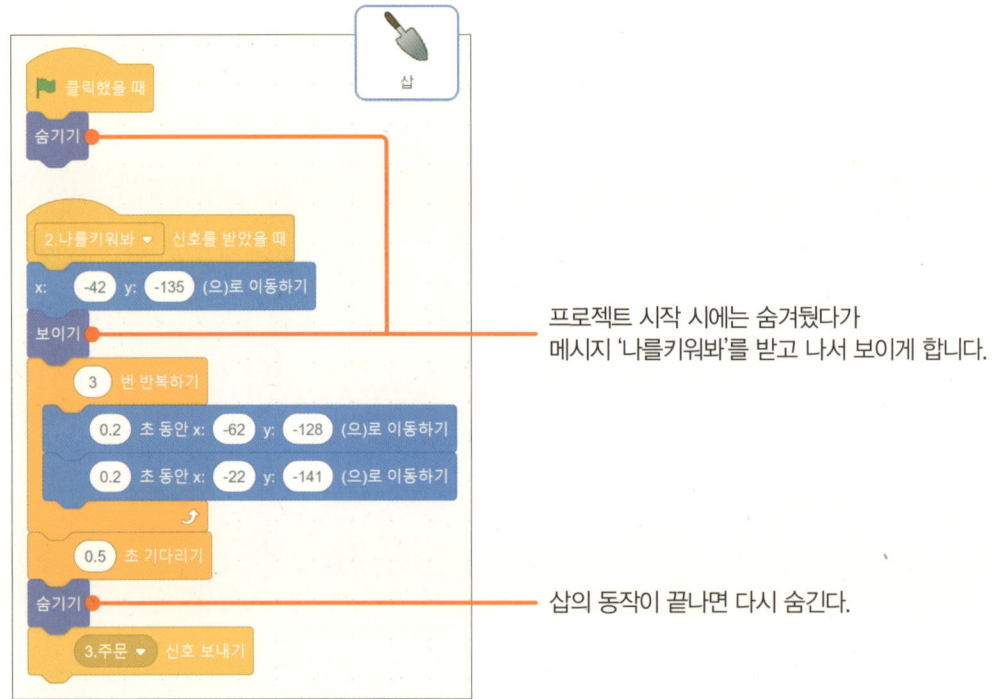

프로젝트 시작 시에는 숨겨뒀다가 메시지 '나를키워봐'를 받고 나서 보이게 합니다.

삽의 동작이 끝나면 다시 숨긴다.

실행 결과

다른 스프라이트도 프로젝트 시작할 때 표시하지 않는 것은 [숨기기] 블록으로 숨겨둬요.

■ 씨앗이 땅 속에 묻힌다. 씨앗이 비 내리는 주문을 외운다

스크립트

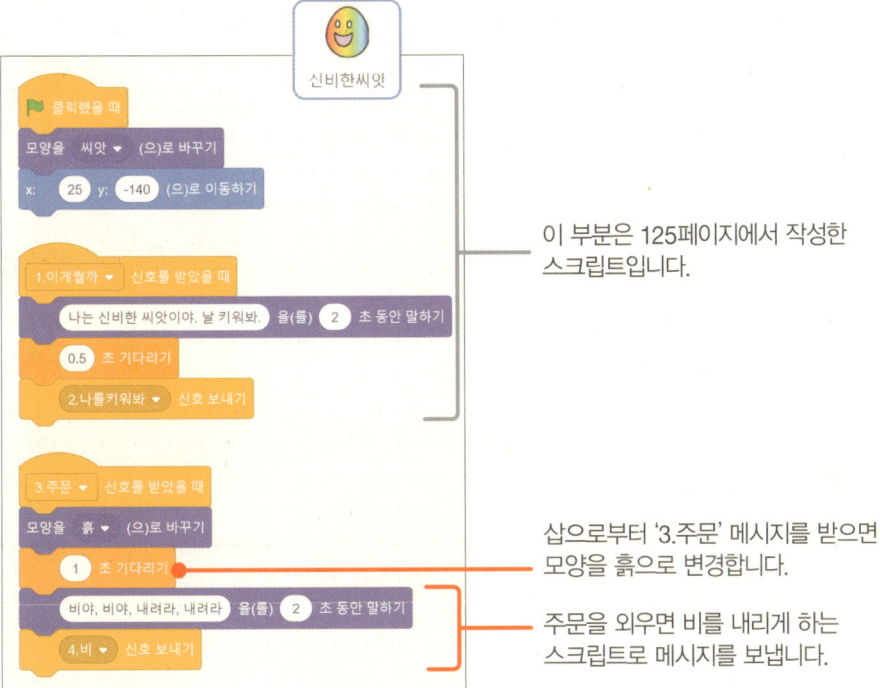

이 부분은 125페이지에서 작성한 스크립트입니다.

삽으로부터 '3.주문' 메시지를 받으면 모양을 흙으로 변경합니다.

주문을 외우면 비를 내리게 하는 스크립트로 메시지를 보냅니다.

실행 결과

장면 4

씨앗이 주문을 외우면 비가 옵니다. 복제 기능을 사용해 비를 표현해 봅시다.

■ 비가 내린다

스크립트

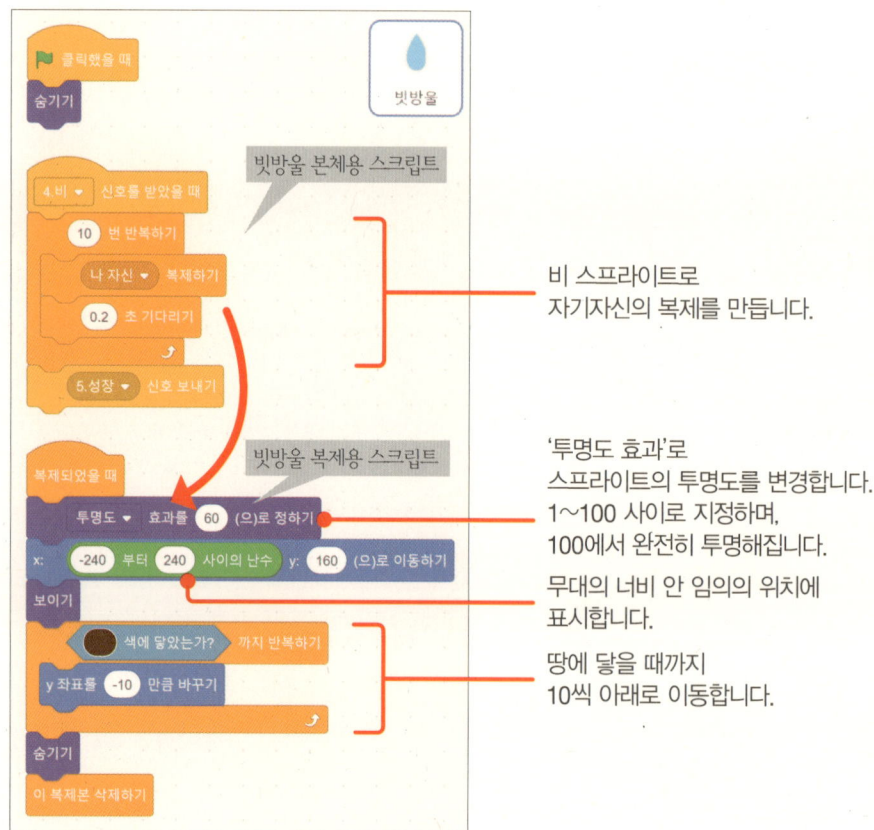

투명도 효과로 투명도를 높여 물처럼 보이게 표현했어요.

복제된 스프라이트의 동작은 다음과 같습니다.

실행 결과

장면 5 ~ 장면 6

씨앗이 자라나 꽃봉우리를 맺었습니다. 꽃봉우리를 클릭하면 뭔가가 등장합니다.

■ 씨앗이 자라나 식물이 되고, 꽃봉우리를 맺습니다

> 스크립트

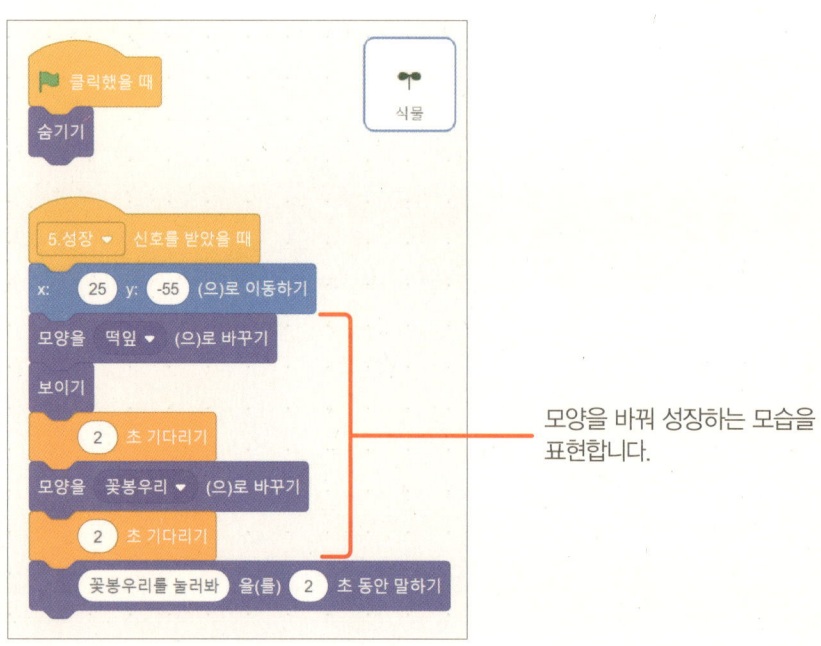

모양을 바꿔 성장하는 모습을 표현합니다.

■ 꽃봉우리를 눌러본다

> 스크립트

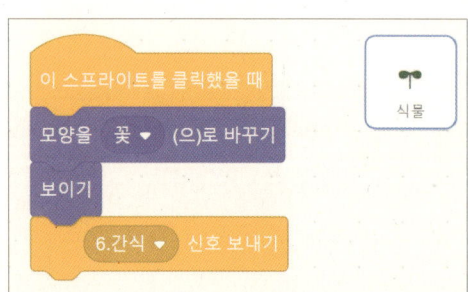

이 페이지의 스크립트는 장면에 따라 나눴지만, 실제로는 같은 스크립트 영역에서 일련의 흐름이 되지요.

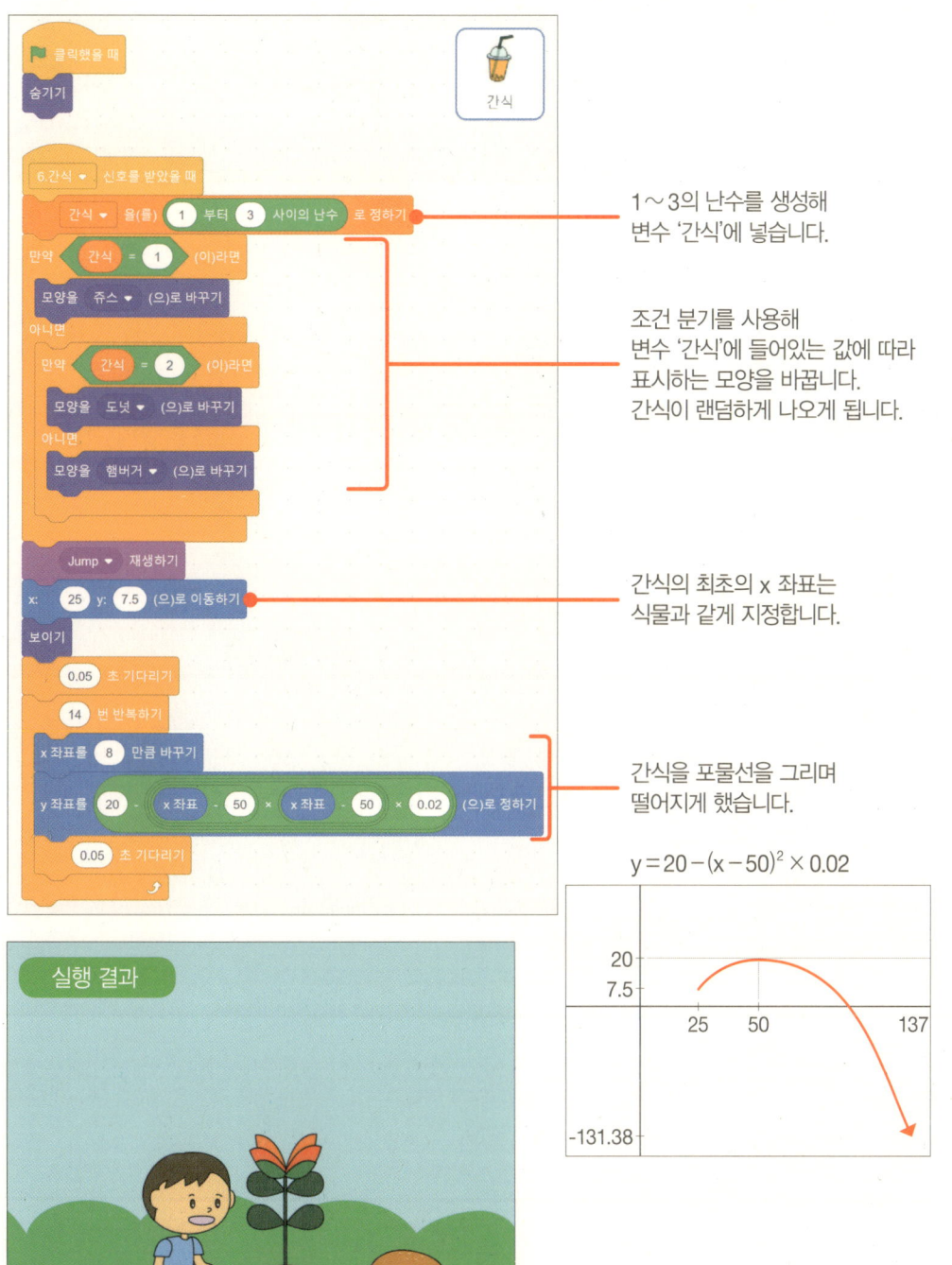

1~3의 난수를 생성해
변수 '간식'에 넣습니다.

조건 분기를 사용해
변수 '간식'에 들어있는 값에 따라
표시하는 모양을 바꿉니다.
간식이 랜덤하게 나오게 됩니다.

간식의 최초의 x 좌표는
식물과 같이 지정합니다.

간식을 포물선을 그리며
떨어지게 했습니다.

$$y = 20 - (x-50)^2 \times 0.02$$

COLUMN
다각형 그리기

예제 코드 `chapter8_polygon_drawing132p.sb3`

8장에서는 포물선 궤도로 스프라이트를 낙하시키는 스크립트도 작성했습니다. 이번에는 삼각함수를 사용해 다각형을 그리는 스크립트를 만들어 보겠습니다. 몇 각형을 그릴지는 사용자가 입력합니다. 원둘레의 x 좌표는 '반지름 × cos 각도', y 좌표는 '반지름 × sin 각도'로 표현되므로, 각도를 '360 ÷ 다각형의 모서리 수'씩 한 바퀴에 약 3초 걸리게 움직여 갑니다. 그리기 전에 시작 지점으로 이동해 두지 않으면, 이전 위치에서 시작 위치까지의 선도 그려지니 주의하세요. 고양이의 방향도 그리는 방향에 따라 변화시키고 있습니다.

9 부록

본편에서 소개하지 않은 주요 기능

본편에서 다룬 내용 이외에도 스크래치에는 다양한 기능이 있습니다. 몇 가지만 간단히 소개합니다.

블록 정리

스크립트 영역은 블록을 자유롭게 이동시킬 수 있으므로, 블록이나 스크립트가 여기저기 놓여 보기 어려울 때도 있습니다. 그럴 때는 스크립트 영역에서 우클릭해 팝업 메뉴 중 '블록 정리하기'를 선택하세요. 블록 위치가 가지런히 정리되어 스크립트 영역이 깨끗해집니다.

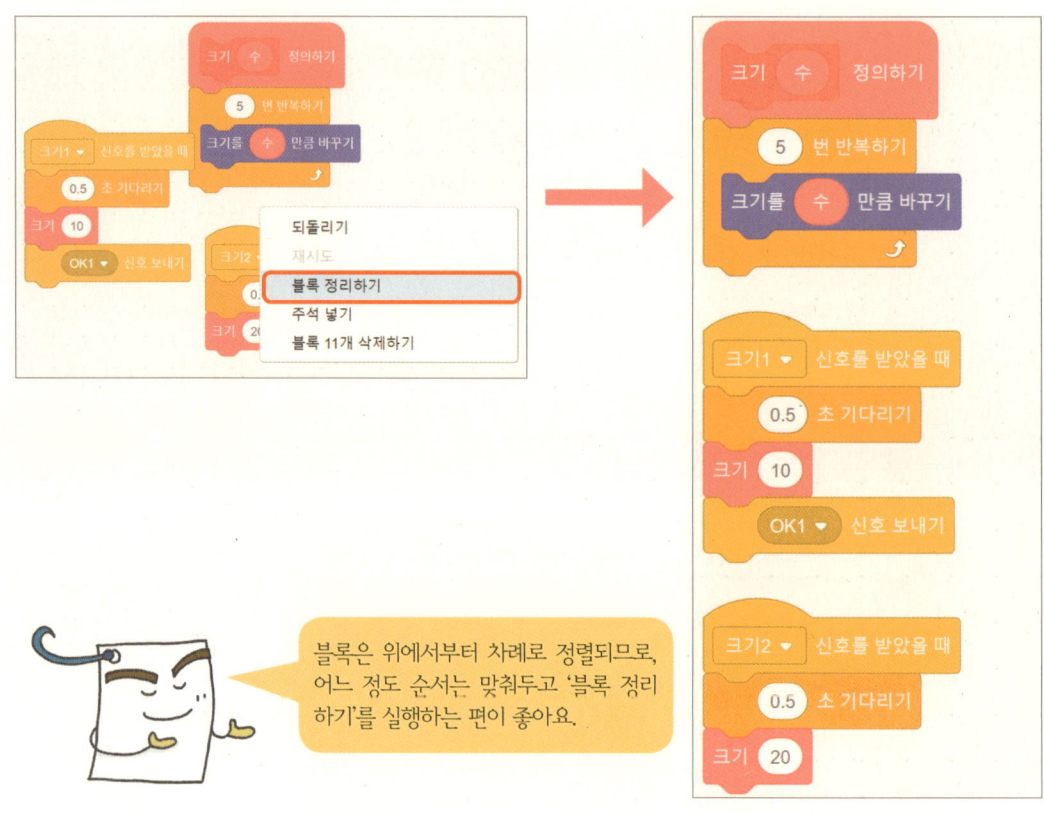

블록은 위에서부터 차례로 정렬되므로, 어느 정도 순서는 맞춰두고 '블록 정리하기'를 실행하는 편이 좋아요.

스크립트 복제

스크립트 위에서 우클릭한 후 메뉴에서 [복사하기]를 선택하면, 스크립트를 복제할 수 있습니다. 같은 스크립트를 여러 번 사용하고 싶을 때 등에 편리한 기능입니다.

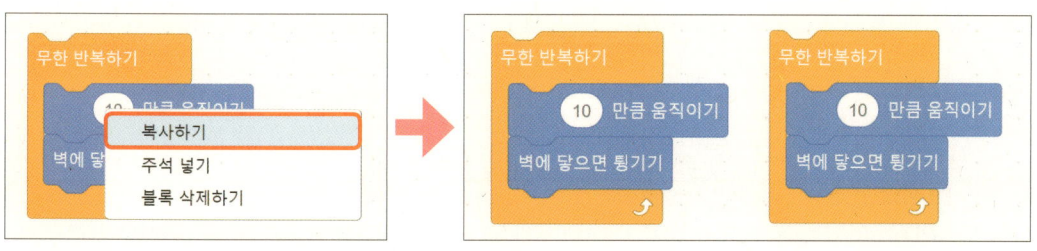

≫ 스프라이트에 스크립트를 복사한다

다른 스프라이트에 스크립트를 복사하려면, 뒤에 설명할 '개인 저장소'를 사용하는 방법 외에, 직접 드래그 앤 드롭하는 방법도 있습니다.

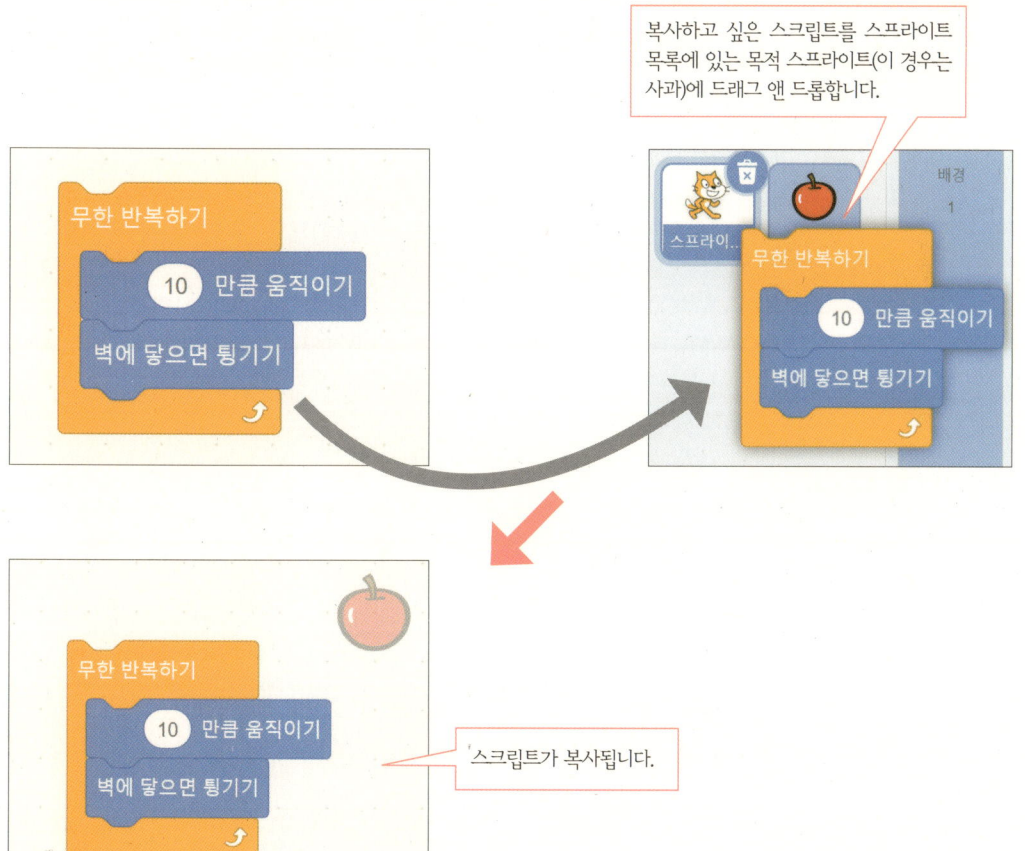

복사하고 싶은 스크립트를 스프라이트 목록에 있는 목적 스프라이트(이 경우는 사과)에 드래그 앤 드롭합니다.

스크립트가 복사됩니다.

 # 주석

스크립트에는 설명이나 메모를 남길 수도 있습니다. 해당 블록이나 스크립트 영역에서 우 클릭합니다. 메뉴에서 '주석넣기'를 선택하고 클릭하면, 주석을 남길 수 있는 메모장이 표시됩니다.

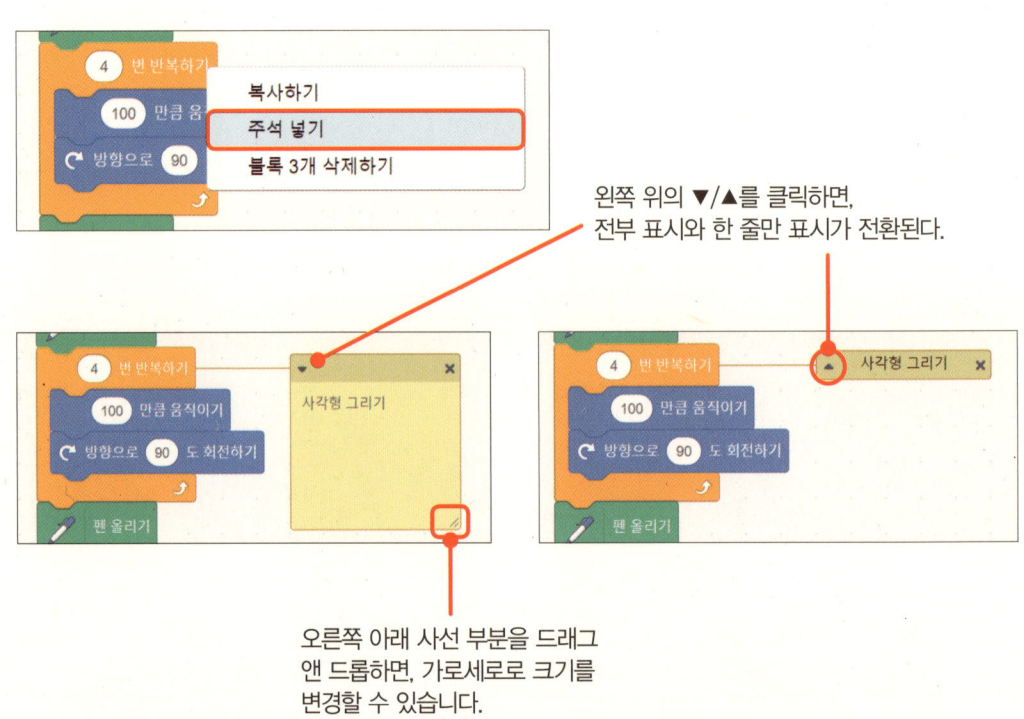

왼쪽 위의 ▼/▲를 클릭하면, 전부 표시와 한 줄만 표시가 전환된다.

오른쪽 아래 사선 부분을 드래그 앤 드롭하면, 가로세로로 크기를 변경할 수 있습니다.

개인 저장소

개인 저장소란 프로젝트 일부를 복사해 보존할 수 있는 장소입니다. 스크립트, 스프라이트, 모양, 소리 등을 보존하고, 스프라이트간, 프로젝트 간에 주고받을 수 있습니다. 개인 저장소 기능을 사용하려면 스크래치 사이트에 사인인 할 필요가 있습니다.

≫ 개인 저장소에 추가하기

화면 왼쪽 아래 '개인 저장소'를 클릭해서 엽니다.

복사하고 싶은 소재를 개인 저장소 영역에 드래그 앤 드롭합니다.

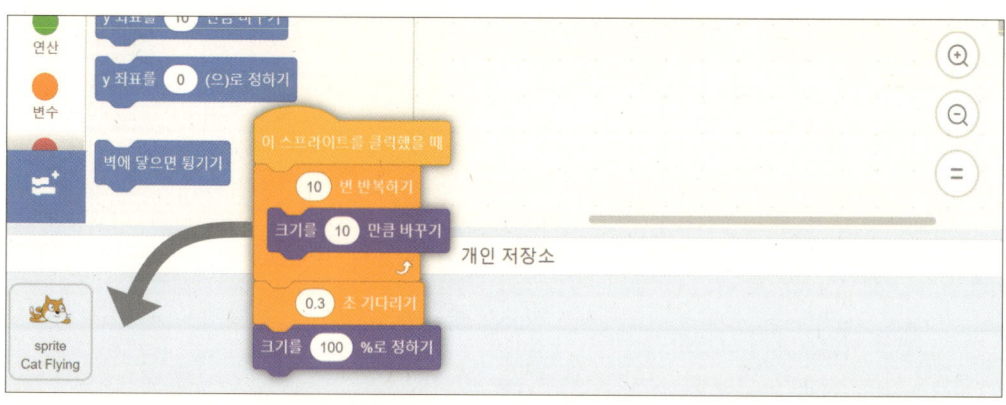

개인 저장소에 추가됩니다.

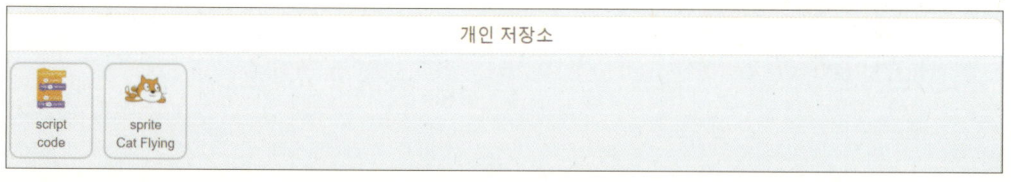

≫ 개인 저장소에서 꺼내기

소재를 사용하고 싶은 스프라이트나 프로젝트를 선택합니다. 개인 저장소에서 소재를 드래그해서 적절한 장소에 드롭합니다.

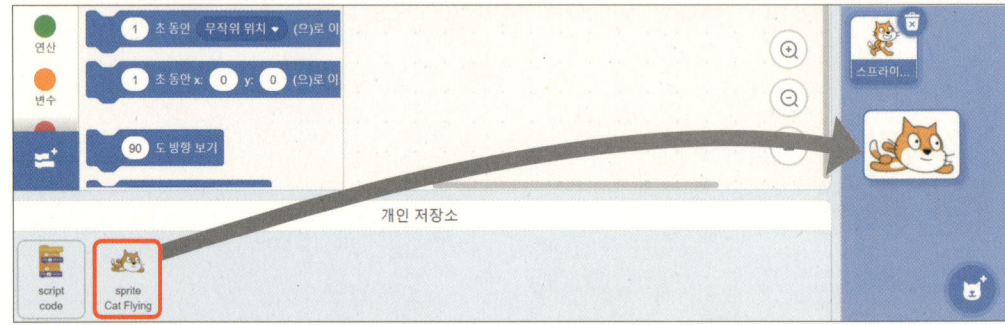

≫ 개인 저장소에서 삭제하기

삭제하고 싶은 소재를 클릭하고 우클릭합니다. 메뉴에서 '삭제'를 선택합니다.

페인트 에디터

페인트 에디터를 사용하면, 기존 스프라이트를 편집하거나, 직접 스프라이트를 만들 수 있습니다.

≫ 스프라이트를 편집하고 싶은 경우
편집하고 싶은 스프라이트의 '모양' 탭을 클릭하면 페인트 에디터가 열립니다.

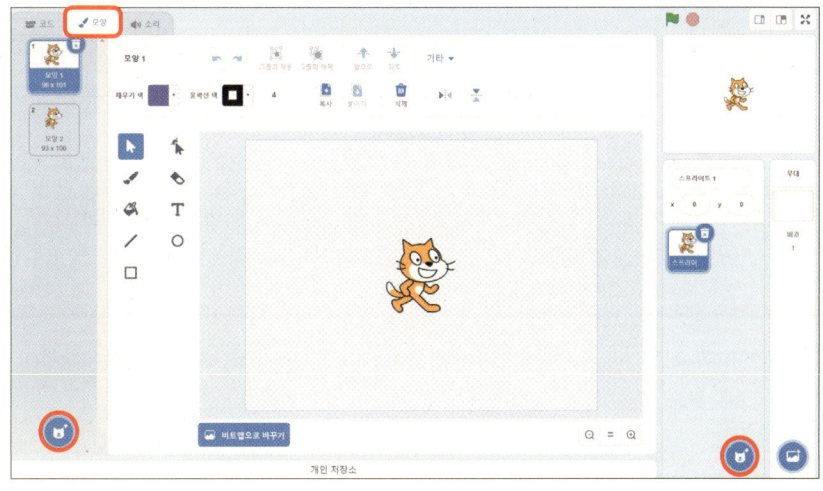

≫ 직접 스프라이트를 만들고 싶은 경우
화면 오른쪽 아래나 왼쪽 아래에 있는 고양이 버튼(●)에 마우스 커서를 가져가면, 다음과 같이 표시됩니다. 여기서 [그리기] 버튼을 선택하면, 자신이 스프라이트를 만들 수 있는 화면이 됩니다. 또한, [스프라이트 업로드하기] 버튼을 누르면, PC에서 이미지를 업로드해 스프라이트로 할 수 있습니다.

사운드 에디터

사운드 에디터에서는 소리를 추가하거나 편집할 수 있습니다. 사운드 에디터를 열려면 '소리' 탭을 클릭합니다.

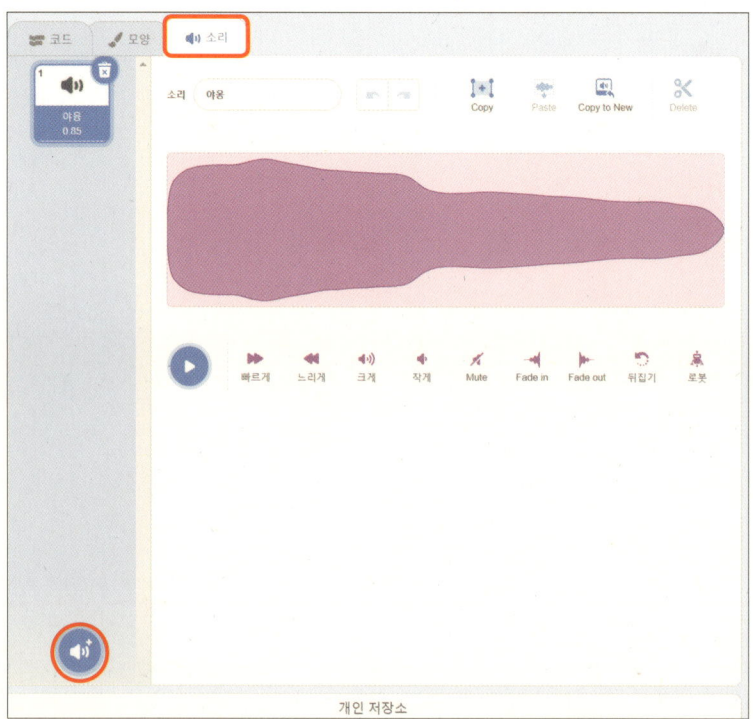

>> **소리 라이브러리**

소리는 PC에서 업로드 하거나 녹음하는 등 자신이 준비할 수 있지만, 스크래치의 소리 라이브러리에서 찾는 것이 가장 간단합니다. 소리 라이브러리에서 소리를 추가하려면 다음과 같이 합니다.

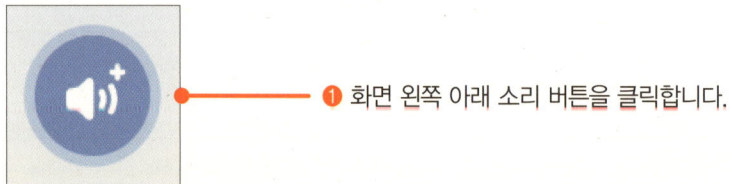

❶ 화면 왼쪽 아래 소리 버튼을 클릭합니다.

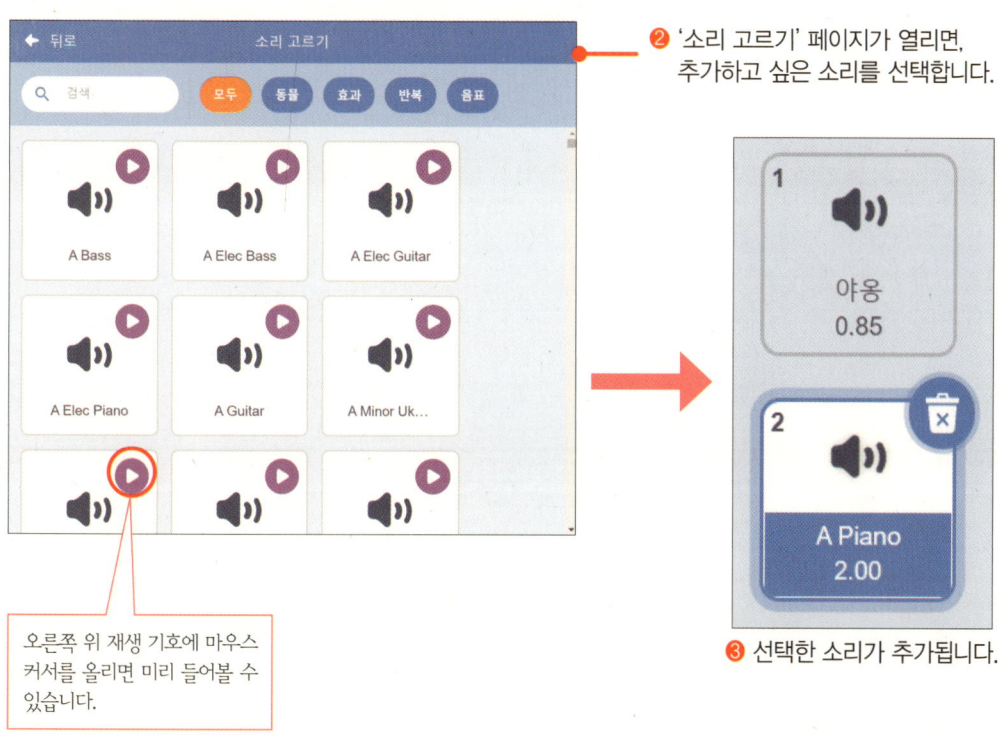

❷ '소리 고르기' 페이지가 열리면, 추가하고 싶은 소리를 선택합니다.

❸ 선택한 소리가 추가됩니다.

오른쪽 위 재생 기호에 마우스 커서를 올리면 미리 들어볼 수 있습니다.

🔓 잘 모르겠다면?

잘 모르는 것이 나왔을 때 인터넷 검색이나 관련 서적을 읽는 방법도 있지만, 스크래치 사이트의 토론방에서 질문이나 상담해 보는 것도 한 가지 방법입니다. 토론방에는 다음과 같은 방법으로 접속할 수 있습니다.

스크래치 사이트 메인 페이지의 아래에 있는 '커뮤니티'에서 '토론방'을 클릭합니다.

소개	커뮤니티	지원	법률	스크래치 패밀리
스크래치에 대해서	커뮤니티 지침	아이디어	약관	ScratchEd
부모	토론방	자주 묻는 질문(FAQ)	개인정보보호 정책	스크래치 주니어
교육자	스크래치 위키	다운로드	디지털 밀레니엄 저작권법	Scratch Day
개발자를 위해서	통계	문의하기		스크래치 컨퍼런스
공로자		스크래치 상품 판매점		스크래치 재단
채용		기부		
언론 보도				

아래 쪽에 각 나라의 언어별 링크가 있으므로 '한국어'를 찾아서 클릭하세요.

Scratch Around the World			
Forum	Topics	Posts	Last Post
Africa	27	192	9 13, 2020 11:
Bahasa Indonesia	41	450	9 1, 2020 05:
Català	53	146	7 21, 2020 09
Deutsch	1409	15521	오늘 04:52:5
Ελληνικά	158	749	9 8, 2020 08:
Español	1327	7855	오늘 02:46:5
Français	4353	67367	오늘 06:34:0
עברית	95	496	9 10, 2020 10
한국어	2216	25051	오늘 07:26:1
Italiano	1118	7862	어제 20:25:0
Nederlands	428	2880	9 8, 2020 09:
日本語	3335	205126	오늘 08:59:2
Norsk	24	143	오늘 04:06:3

포럼을 이용할 경우에는 우선 사용법과 규칙을 이해합시다. 이용자가 특히 주의해야할 중요 사항은 포럼 상단에 '📌'으로 고정되어 있습니다. 또한, 아래 URL에서도 주의 사항을 확인할 수 있습니다.

[스크래치 커뮤니티 지침(스크래치 사용 시 전반적 주의사항)]

https://scratch.mit.edu/community_guidelines

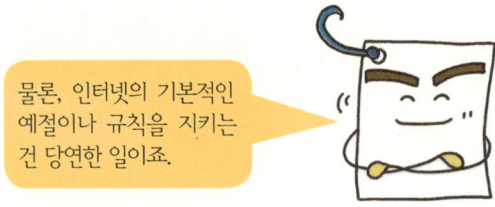

물론, 인터넷의 기본적인 예절이나 규칙을 지키는 건 당연한 일이죠.

확장 기능

스크래치가 기본적으로 가지고 있는 기능만으로도 여러가지 프로그램을 만들 수 있지만, 확장 기능을 사용하면 더 다양한 일을 할 수 있습니다.

 ## 확장 기능이란

　확장 기능이란 스크래치 프로그래밍의 기능을 넓혀주는 명령 블록입니다. 다른 인터넷 서비스를 스크래치에서 이용하기도 하고 전자기기나 로봇을 움직이는 등 외부 프로그램과 연계한 스크립트도 작성할 수 있게 됩니다.

　공식 확장기능은 프로젝트 화면 왼쪽 아래의, [확장 기능 고르기(■)] 버튼을 클릭하면 확장 기능 라이브러리에서 추가할 수 있습니다.

본편에서 그림을 그릴 때 이용한 펜도 확장 기능 중 하나입니다.

음악을 연주하거나 카메라를 이용할 수도 있어요.

확장 기능을 추가하면, 블록 팔레트에 새로운 카테고리와 블록이 표시됩니다.

예

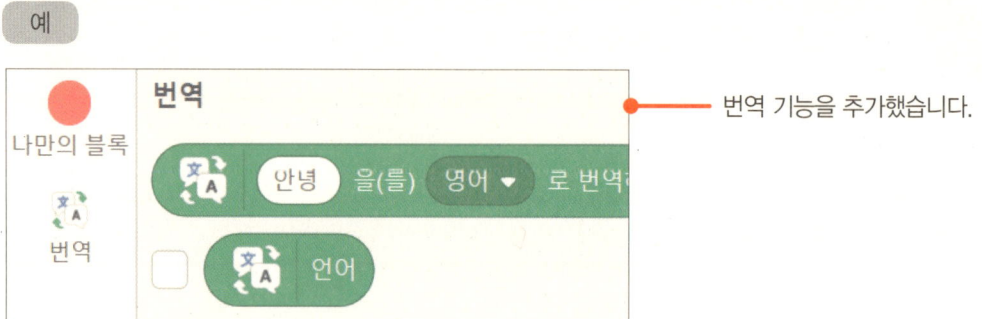

번역 기능을 추가했습니다.

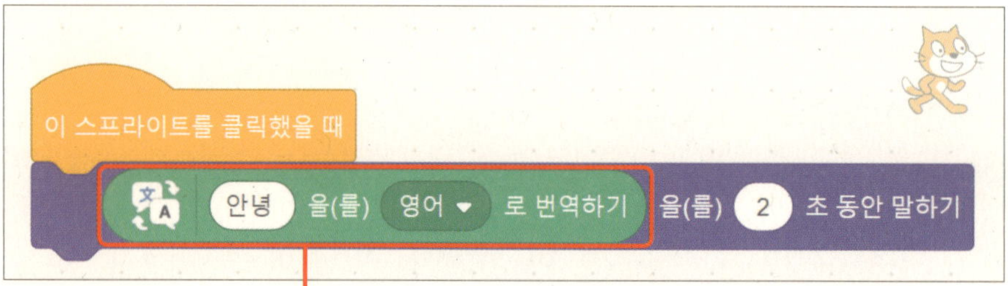

실행 결과

'안녕'이 영어로 번역되어 표시됩니다.

이 확장 기능은 Google 번역을 이용합니다.

확장 기능에 관한 자세한 내용은 본서의 범위를 넘어가므로 생략합니다. 다음 스크래치 Wiki 등을 참조하세요.

[스크래치의 확장 기능]

https://en.scratch-wiki.info/wiki/Scratch_Extension

내 컴퓨터에 저장하기

작업한 프로젝트는 자신의 컴퓨터 등에 저장하거나 저장된 프로젝트를 다시 스크래치로 불러올 수 있습니다.

컴퓨터에 저장하기

사인인해서 스크래치를 이용하면, 프로젝트는 보통 스크래치 사이트에 저장됩니다(10페이지). 컴퓨터나 태블릿 같은 로컬 환경에 저장하고 싶을 때는 다음 순서를 보고 따라하세요.

[파일]-[컴퓨터에 저장하기]를 클릭합니다.

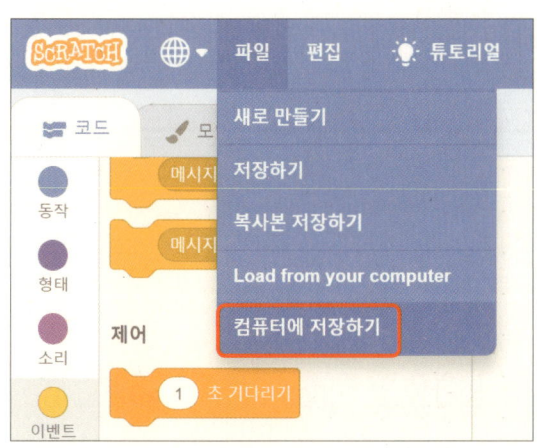

저장 장소는 브라우저에서 다운로드로 설정된 폴더입니다.

다운로드 전에 저장할 곳을 확인하도록 설정됐을 때는 자신이 지정한 폴더에 프로그램을 저장할 수도 있습니다.

구글 크롬(Google Chrome)의 경우 오른쪽 위의 [:]-[설정]을 클릭합니다. '고급'을 클릭하고 '다운로드' 항목에 있는 '다운로드 전에 각 파일의 저장 위치 확인'을 클릭하면 설정을 변경할 수 있습니다.

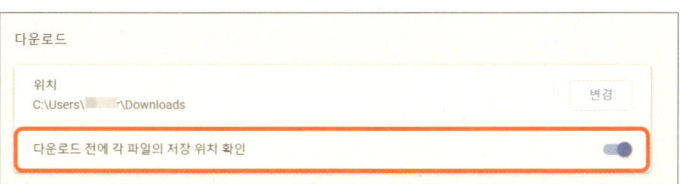

프로젝트는 다음과 같은 이름으로 저장됩니다.

확장자는 파일의 종류를 나타내는 문자열로, 파일명과 '.(도트)' 뒤에 붙습니다. 스크래치 3.0 프로젝트를 저장할 때는 반드시 '.sb3'가 붙습니다. 확장자를 삭제하거나 변경하지 않도록 주의하세요.

≫ 컴퓨터에서 불러오기

[파일]-[Load from your computer]를 클릭합니다.

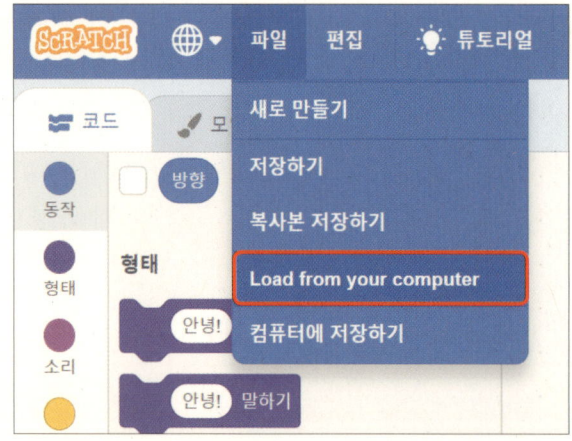

저장한 폴더에서 불러오고 싶은 파일을 선택하고 [열기]를 클릭합니다.

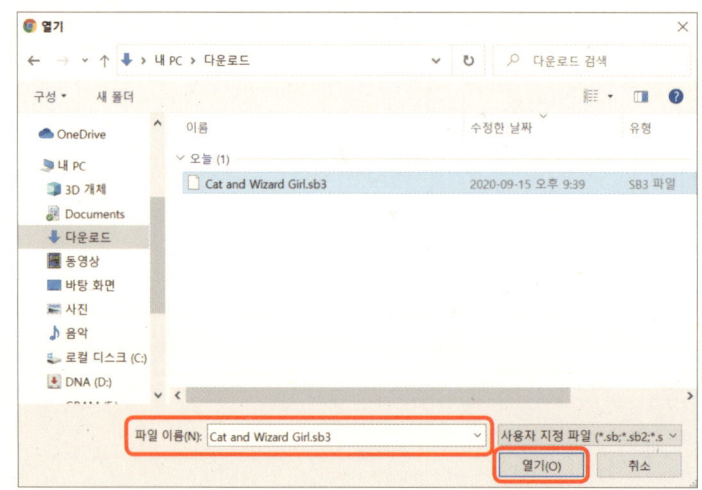

프로젝트를 불러옵니다.

프로젝트 공유하기

작품을 완성했으면, 다른 사용자에게 공개해 봅시다.

프로젝트를 공유하려면

스크래치에서는 내가 만든 프로젝트를 공개해 전 세계 사람들과 공유할 수 있습니다. 프로젝트를 공유하면, 다른 사람이 '좋아요'나 '즐겨찾기' 버튼을 누를 수도 있고, '댓글'을 달 수 있습니다. 또 내 작품이 리믹스(다른 사람이 만든 프로젝트를 바탕으로, 새로운 프로젝트를 만드는 것)되는 등 즐거움이 커집니다.

프로젝트 공유는 작성 화면 상단에 있는 [공유] 버튼을 클릭해서 할 수 있습니다.

버튼을 클릭면, 프로젝트가 공유됩니다. 프로젝트 페이지가 표시되므로, 프로젝트에 관한 정보를 적어둡시다. 다른 스크래치 사용자가 프로젝트를 봤을 때 참고가 됩니다.

사용 방법
어느 키를 눌러야 하는지 등 프로젝트 사용법을 넣습니다.

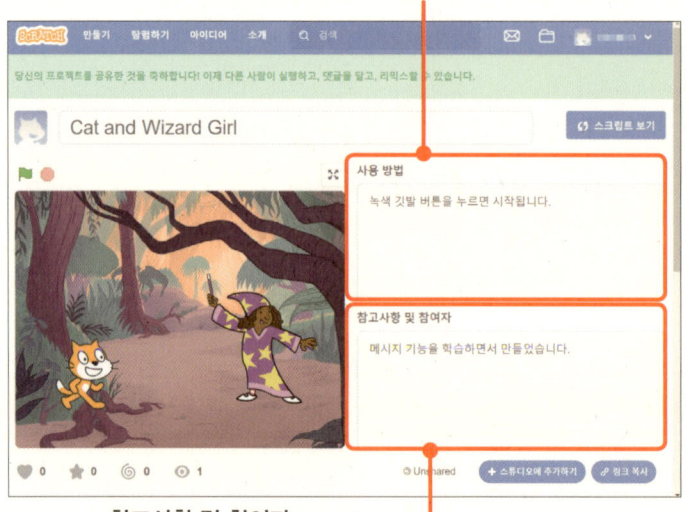

참고사항 및 참여자
프로젝트 소개나 갱신이력, 참여자, 참고로 한 작품에 대한 감사 등을 넣습니다.

프로젝트 페이지는 작성 화면 상단에 있는 '프로젝트 페이지 보기'를 클릭해도 표시할 수 있습니다.

공유하지 않은 프로젝트의 경우에는 프로젝트 페이지에도 [공유] 버튼이 표시되므로, 프로젝트에 관한 정보를 입력하고 나서 공유할 수도 있습니다.

스크래치 사이트에 로그인하지 않으면 공유할 수 없어요.

🔓 주의했으면 하는 것

프로젝트를 공유하면 스크래치 계정을 가지고 있느냐를 불문하고, 전 세계 사람에게 자신의 작품이 보이게 되는 점에 주의하세요. 또한, 공유된 프로젝트는 스크래치의 특징이기도 한 리믹스에 동의한 것으로 간주하므로, 누구나 자유롭게 이용할 수 있습니다. 다른 사람의 작품을 이용할 때는 프로젝트 페이지의 '참고사항 및 참여자' 란에 리믹스한 작품에 대한 링크와 작품명을 포함하는 등 원작자에 대한 감사를 잊지마세요.

또한, 스크래치 이외의 웹사이트 등에 공개된 이미지나 음악 등에는 대부분 저작권 문제가 발생합니다. 재배포나 변경을 금지하거나 사용료가 필요한 것도 있으니, 이용하기 전에 소재 제공자의 라이선스를 잘 확인하도록 합시다.

블록 리스트

스크래치에서 사용하는 블록을 리스트로 정리했습니다.

⑩처럼 된 곳에는 값을 입력할 수 있습니다. 또한 (무작위 위치▼)처럼 된 곳은 풀다운으로 선택할 수 있습니다.

[블록 리스트(스프라이트)]

카테고리	블록	형태	비고
동작	⑩ 만큼 움직이기	스택	이동 방향은 보는 방향에 따른다.
	↻ 방향으로 ⑮도 회전하기	스택	우회전
	↺ 방향으로 ⑮도 회전하기	스택	좌회전
	(무작위 위치▼)(으)로 이동하기	스택	지점으로 이동 【선택지】 • 무작위 위치: 랜덤 • 마우스 포인터: 지정한 장소
	x: ⓪, y: ⓪ (으)로 이동하기	스택	지정 위치로 이동
	① 초 동안 (무작위 위치▼)(으)로 이동하기	스택	지점으로 이동 【선택지】 • 무작위 위치: 랜덤 • 마우스 포인터: 지정한 장소
	① 초 동안 x: ⓪, y: ⓪ (으)로 이동하기	스택	지정 위치로 이동
	⑨⓪도 방향 보기	스택	각도를 지정해서 방향을 바꾼다.
	(마우스 포인터▼)쪽 보기	스택	마우스 포인터 방향을 본다.
	x 좌표를 ⑩ 만큼 바꾸기	스택	가로 상대 이동
	x 좌표를 ⓪(으)로 정하기	스택	가로 위치 지정
	y 좌표를 ⑩ 만큼 바꾸기	스택	세로 상대 이동
	y 좌표를 ⓪(으)로 정하기	스택	세로 위치 지정
	벽에 닿으면 튕기기	스택	이동과 병용, 방향은 회전 방법에 따른다.
	회전 방식을 (왼쪽-오른쪽▼)(으)로 정하기	스택	【선택지】 • 왼쪽-오른쪽 • 회전하지 않기 • 회전하기
	x 좌표	값	
	y 좌표	값	
	방향	값	

카테고리	블록	형태	비고
형태	안녕! 을(를) 2 초 동안 말하기	스택	이야기 말풍선(자동으로 지워짐)
	안녕! 말하기	스택	이야기 말풍선(빈칸을 입력해서 지움)
	음... 을(를) 2 초 동안 생각하기	스택	생각 말풍선(자동으로 지워짐)
	음... 생각하기	스택	생각 말풍선(빈칸을 입력해서 지움)
	모양을 모양 2▼ (으)로 바꾸기	스택	지정한 모양으로 변경
	다음 모양으로 바꾸기	스택	모양 리스트의 다음 모양으로 변경
	배경을 배경 1▼ (으)로 바꾸기	스택	지정한 배경으로 변경
	다음 배경으로 바꾸기	스택	배경 리스트의 다음 배경으로 변경
	크기를 10 만큼 바꾸기	스택	
	크기를 100 %로 정하기	스택	
	색깔▼ 효과를 25 씩 바꾼다	스택	효과 변경
	색깔▼ 효과를 0 (으)로 정하기	스택	효과 지정
	그래픽 효과 지우기	스택	효과 초기화
	보이기	스택	
	숨기기	스택	
	맨 앞쪽▼ 으로 순서 바꾸기	스택	【선택지】 • 맨 앞쪽 • 맨 뒤쪽
	앞으로▼ 1 단계 보내기	스택	【선택지】 • 앞으로 • 뒤로
	모양 번호▼	값	현재 모양의 리스트 번호 또는 이름
	배경 번호▼	값	현재의 배경 번호 또는 이름
	크기	값	크기(%)
소리	야옹▼ 끝까지 재생하기	스택	소리가 끝날 때까지 스크립트는 정지한다.
	야옹▼ 재생하기	스택	스크립트는 정지하지 않는다.
	모든 소리 끄기	스택	
	음 높이▼ 효과를 10 만큼 바꾸기	스택	음 높이 또는 음향 위치 좌/우(좌우의 음량 변화) 선택 가능
	음 높이▼ 효과를 100 로 정하기	스택	
	소리 효과 지우기	스택	
	음량을 -10 만큼 바꾸기	스택	
	음량을 100 %로 정하기	스택	
	음량	값	
이벤트	(녹색 깃발) 클릭했을 때	모자	
	스페이스▼ 키를 눌렀을 때	모자	【선택지】 • 스페이스 • 상하좌우 방향 키 • 아무 키(랜덤) • a~z • 0~9

카테고리	블록	형태	비고
이벤트	이 스프라이트를 클릭했을 때	모자	
	배경이 배경1▼ (으)로 바뀌었을 때	모자	
	음량▼ > 10 일 때	모자	【선택지】 • 음량 • 타이머
	메시지 1▼ 신호를 받았을 때	모자	
	메시지 1▼ 신호 보내기	스택	보낼 곳은 스크래치 프로그램 전체
	메시지 1▼ 신호 보내고 기다리기	스택	보낼 곳은 스크래치 프로그램 전체, 메시지 신호를 받는 스크립트가 종료할 때까지 스크립트 실행을 멈추고 기다린다
제어	1 초 기다리기	스택	
	10 번 반복하기	C형	
	무한 반복하기	C형	
	만약 ⟨⟩ (이)라면	C형	
	만약 ⟨⟩ (이)라면… 아니면…	C형	
	⟨⟩ 까지 기다리기	스택	
	⟨⟩ 까지 반복하기	C형	
	멈추기 모두▼	캡 / 스택	【선택지】 • 모두 • 이 스크립트 • 이 스프라이트에 있는 다른 스크립트 – 선택한 메뉴에 따라 형태가 변화한다.
	복제되었을 때	모자	
	나 자신▼ 복제하기	스택	
	이 복제본 삭제하기	캡	
감지	마우스 포인터▼ 에 닿았는가?	진위	【선택지】 • 마우스 포인터 • 벽
	초록 색에 닿았는가?	진위	색, 선명도, 밝기를 선택 가능
	마젠타 색이 빨강 색에 닿았는가?	진위	색, 선명도, 밝기를 선택 가능
	마우스 포인터▼ 까지의 거리	값	
	너 이름이 뭐니? 라고 묻고 기다리기	스택	사용자 입력
	대답	값	사용자가 입력한 값
	스페이스▼ 키를 눌렀는가?	진위	키 입력
	마우스를 클릭했는가?	진위	마우스 클릭
	마우스의 x 좌표	값	
	마우스의 y 좌표	값	
	드래그 모드를 드래그할 수 있는▼ 상태로 정하기	스택	【선택지】 • 있는 • 없는
	음량	값	

카테고리	블록	형태	비고
감지	타이머	값	스크래치 프로그램을 시작하고부터 또는 타이머가 초기화됐을 때부터의 경과 시간(단위는 초, 정밀도는 밀리초)
	타이머 초기화	스택	
	무대▼ 의 배경 번호▼	값	
	현재 년▼	값	일시(연, 월, 일, 요일, 시, 분, 초)
	2000년 이후 현재까지 날짜 수	값	2000년 1월 1일부터의 경과 시간
	사용자 이름	값	
연산	◯ + ◯	값	더하기
	◯ − ◯	값	빼기
	◯ × ◯	값	곱하기
	◯ ÷ ◯	값	나누기
	◯ 부터 ◯ 사이의 난수	값	난수
	◯ > 50	진위	보다 크다
	◯ < 50	진위	보다 작다
	◯ = 50	진위	같다
	◯ 그리고 ◯	진위	AND 연산
	◯ 또는 ◯	진위	OR 연산
	◯ 이(가) 아니다	진위	NOT(부정) 연산
	가위 와(과) 나무 결합하기	값	문자열 연결
	가위 의 1 번째 글자	값	문자열 추출
	가위 의 길이	값	문자열 길이
	가위 이(가) 가 을(를) 포함하는가?	진위	문자를 포함한다
	◯ 나누기 ◯ 의 나머지	값	나머지
	◯ 의 반올림	값	반올림
	절댓값▼ (◯)	값	【선택지】 • 절댓값 • 버림 • 올림 • 제곱근 • sin / cos / tan • asin / acos / atan • ln / log • e^ / 10^
변수	나의 변수	값	변수 참조
	나의 변수▼ 을(를) 0 로 정하기	스택	대입
	나의 변수▼ 을(를) 1 만큼 바꾸기	스택	+=
	나의 변수▼ 변수 보이기	스택	변수의 무대 모니터 표시
	나의 변수▼ 변수 숨기기	스택	변수의 무대 모니터 비표시

카테고리	블록	형태	비고
변수 (리스트 만들기)	`리스트` `리스트 이름`	값	리스트 참조
	`항목` 을(를) `리스트▼` 에 추가하기	스택	요소 추가
	`1` 번째 항목을 `리스트▼` 에서 삭제하기	스택	요소 삭제
	`리스트▼` 의 항목을 모두 삭제하기	스택	요소 클리어
	`항목` 을(를) `리스트▼` 리스트의 `1` 번째에 넣기	스택	요소 삽입
	`리스트▼` 리스트의 `1` 번째 항목을 `항목` 으로 바꾸기	스택	요소 치환
	`리스트▼` 리스트의 `1` 번째 항목	값	요소 참조
	`리스트▼` 리스트에서 `항목` 항목의 위치	값	요소를 찾는다.
	`리스트▼` 의 길이	값	요소의 수
	`리스트▼` 이(가) `항목` 을(를) 포함하는가?	진위	요소가 있는지 조사한다.
	`리스트▼` 리스트 보이기	스택	리스트 모니터 표시
	`리스트▼` 리스트 숨기기	스택	리스트 모니터 비표시

[블록 리스트(무대)]

카테고리	블록	형태	비고
동작	(없음)		
형태	배경을 `배경 1▼` (으)로 바꾸기	스택	
	배경을 `배경 1▼` (으)로 바꾸고 기다리기	스택	
	다음 배경으로 바꾸기	스택	배경 리스트의 다음 배경으로 변경
	`색깔▼` 효과를 `25` 만큼 바꾸기	스택	효과 변경
	`색깔▼` 효과를 `0` (으)로 정하기	스택	효과 지정
	그래픽 효과 지우기	스택	효과 초기화
	배경 `번호▼`	값	현재 배경의 번호 또는 이름
소리	`팝▼` 끝까지 재생하기	스택	소리가 끝날 때까지 스크립트 정지
	`팝▼` 재생하기	스택	스크립트는 멈추지 않는다.
	모든 소리 끄기	스택	
	`음 높이▼` 효과를 `10` 만큼 바꾸기	스택	
	`음 높이▼` 효과를 `100` 로 정하기	스택	
	소리 효과 지우기	스택	
	음량을 `-10` 만큼 바꾸기	스택	
	음량을 `100` %로 정하기	스택	
	음량	값	

카테고리	블록	형태	비고
이벤트	(녹색 깃발) 클릭했을 때	모자	
	스페이스▼ 키를 눌렀을 때	모자	
	무대를 클릭했을 때	모자	
	배경이 배경1▼ (으)로 바뀌었을 때	모자	
	음량▼ > 10 일 때	모자	
	메시지 1▼ 신호를 받았을 때	모자	
	메시지 1▼ 신호 보내기	스택	보내는 곳은 스크래치 프로그램 전체
	메시지 1▼ 신호 보내고 기다리기	스택	보내는 곳은 스크래치 프로그램 전체, 메시지를 받은 스크립트가 끝날 때까지 스크립트 실행을 멈추고 기다린다.
제어	1 초 기다리기	스택	
	10 번 반복하기	C형	
	무한 반복하기	C형	
	만약 ⬡ (이)라면	C형	
	만약 ⬡ (이)라면… 아니면…	C형	
	⬡ 까지 기다리기	스택	
	⬡ 까지 반복하기	C형	
	멈추기 모두▼	모자/스택	선택한 메뉴에 따라 형태가 변화
	스프라이트 1▼ 복제하기	스택	
감지	너 이름이 뭐니? 라고 묻고 기다리기	스택	사용자 입력
	대답	값	사용자가 입력한 값
	스페이스 1▼ 키를 눌렀는가?	진위	키 입력
	마우스를 클릭했는가?	진위	마우스 클릭
	마우스 x 좌표	값	
	마우스 y 좌표	값	
	음량	값	
	타이머	값	스크래치 프로그램을 시작하고부터 또는 타이머가 초기화됐을 때부터의 경과 시간 (단위는 초, 정밀도는 밀리초)
	타이머 초기화	스택	
	무대▼ 의 배경 번호▼	값	
	현재 년▼	값	일시(연, 월, 일, 요일, 시, 분, 초)
	2000년 이후 현재까지 날짜 수	값	2000년 1월 1일부터의 경과 시간
	사용자 이름	값	
연산	(스프라이트와 같음)		
변수	(스프라이트와 같음)		
변수(리스트)	(스프라이트와 같음)		

Index

영문자 숫자

C형 블록	19
false	39, 42
MIT 미디어랩	x, 12
Scratch	x
true	39, 42

[ㄱ]

가 아니다	42
값 블록	19
개인 저장소	137
객체	102
객체 지향	28, 102
거짓	39
계정 만들기	xiv
구조화 프로그래밍	74
그리고	42
글로벌 변수	60

[ㄴ]

나만의 블록	104, 106, 107
난수	59
네스트	47
녹색 깃발	78
논리연산	31, 42

[ㄷ]

대입	32
댓글	136
또는	42

[ㄹ]

라벨	113
로컬 변수	60
루프	64
리믹스	xi
리스트	48
값 바꾸기	53
값 삭제하기	54
값 삽입하기	53
값 직접 조작하기	55
값 참조하기	52
값 추가하기	51
만들기	49
블록	50
요소	48
이름	48
인덱스	48
첨자	48

[ㅁ]

메소드	104
메시지	90, 94
명령	ix
모양	15, 24
변경	25
모자(Hat) 블록	19
무대	15, 16
스크립트	27
무대와 배경	16
문자열	56
길이	57
문자 참조	56
연결	56

[ㅂ]

반복	62, 64, 66, 70
반올림	58
배경	26
라이브러리	26
변경	27
추가	26
버림	58
변수	32, 34
블록	34
값	32
만들기	33
스코프	60
유효 범위	60
이름	32
병렬 처리	77, 79

복제	91, 98
블록	x, 2, 18
팔레트	15, 16
떼어내는 법	21
만들기	106
모양	19
배치	5
삭제하는 법	21
정리	134
정의	
조합	20
비교연산	31
비교연산자	39, 41

[ㅅ]

사운드 에디터	140
산술 연산자	38
수학 연산	58
순차 처리	77, 79
스코프	60
스크립트	x, 20
영역	15, 16, 93
만들기	93
멈추기	68
복제	135
스택 블록	19
스프라이트	xi, 2, 15, 222
라이브러리	22
목록	16
삭제	93
정보	23
추가	92
식	38

[ㅇ]

여러가지 연산	40
연산	31, 38, 58
연산자	31, 38
올림	58
음량	85
이벤트	78
이중 루프	65
인수	105, 110
인스턴스	102

[ㅈ]

절댓값	58

제곱근	58
제어 블록	62
조건 분기	31, 44, 46
조건식	39, 44
좌표	17
중첩	47
진위 블록	19

[ㅊ]

참	39

[ㅋ]

카테고리	18
캡 블록	19
컴퓨터에 저장하기	145
코드	ix
클릭	8, 81
키 입력	80

[ㅌ]

타이머	85, 88
토론방	141

[ㅍ]

페인트 에디터	139
프로그래밍 언어	ix
프로그램	ix
프로그램 코드	ix
프로젝트	xi, 3
페이지	148
페이지 사용법	148
페이지 참고사항 및 참여자	148
공유	148
만들기	4
불러오기	11
이름 변경	10
저장	10

[ㅎ]

함수	104
호출	106
호출할 블록	107
화면 새로고침 없이 실행하기	118
확장 기능	143
확장자	146

Scratch가 보이는 그림책

2021. 1. 4. 1판 1쇄 인쇄
2021. 1. 11. 1판 1쇄 발행

글쓴이 : ANK Co., Ltd.
감   역 : 한선관
옮긴이 : 김성훈
펴낸이 : 이종춘
펴낸곳 : [BM] ㈜도서출판 **성안당**

주   소 : 04032 서울시 마포구 양화로 127 첨단빌딩 3층(출판기획 R&D 센터)
          10881 경기도 파주시 문발로 112 파주 출판 문화도시(제작 및 물류)
전   화 : (02) 3142-0036
          (031) 950-6300
팩   스 : (031) 955-0510
등   록 : 1973. 2. 1. 제406-2005-000046호
홈페이지 : www.cyber.co.kr
도서 내용 문의 : hrcho@cyber.co.kr

ISBN : 978-89-315-5696-4 (13000)
정   가 : 17,000원

만든이

책임 | 최옥현
진행 | 조혜란
교정 · 교열 | 안종군
본문 디자인 | 임진영
표지 디자인 | 임진영
홍보 | 김계향, 유미나
국제부 | 이선민, 조혜란, 김혜숙
마케팅 | 구본철, 차정욱, 나진호, 이동후, 강호묵
마케팅 지원 | 장상범
제작 | 김유석

이 책에서 사용된 모든 프로그램과 상표는 각 회사에 그 권리가 있습니다.

Scratchの絵本
(Scratch no Ehon : 6320-8)
Copyright © 2020 by ANK Co., Ltd.
Original Japanese edition published by SHOEISHA Co., Ltd.
Korean translation rights arranged with SHOEISHA Co., Ltd.
through Eric Yang Agency
Korean translation copyright © 2021 by SUNG AN DANG, Inc.